UM OUTRO ENVELHECER É POSSÍVEL

LUCIA RIBEIRO
(Organizadora)

UM OUTRO ENVELHECER É POSSÍVEL

DIREÇÃO EDITORIAL:
Marcelo C. Araújo

COMISSÃO EDITORIAL:
Avelino Grassi
Edvaldo Araújo
Márcio Fabri dos Anjos

COORDENAÇÃO EDITORIAL:
Ana Lúcia de Castro Leite

COPIDESQUE:
Camila de Castro Sanches dos Santos

REVISÃO:
Lessandra Muniz de Carvalho

DIAGRAMAÇÃO:
Rafael Felix

CAPA:
Fernanda Barros Palma da Rosa

© Ideias & Letras, 2014.
1ª Reimpressão.

Rua Diana, 592
Cj. 121 - Perdizes
05019-000 - São Paulo - SP
(11) 3675-1319 (11) 3862-4831
Televendas: 0800 777 6004
www.ideiaseletras.com.br

Dados Internacionais de Catalogação na Publicação (CIP)
(Câmara Brasileira do Livro, SP, Brasil)

Um outro envelhecer é possível / Lucia Ribeiro (organizadora). Aparecida, SP: Ideias & Letras, 2012.

Vários autores.

ISBN 978-85-7698-150-3

1. Envelhecimento – Aspectos sociais 2. Envelhecimento – Aspectos fisiológicos 3. Envelhecimento – Aspectos psicológicos 4. Envelhecimento – Relações familiares 5. Envelhecimento – Vida espiritual 6. Histórias de vida I. Ribeiro, Lucia.

12-06247   CDD-155.67

Índices para catálogo sistemático:
1. Envelhecimento: Aspectos psicológicos 155.67

SUMÁRIO

O mesmo envelhecer nunca é possível 9

Rogério Luz

Introdução 11

Lucia Ribeiro

Artigos

O processo do envelhecer: realidades e desafios 21

Lucia Ribeiro

Bases biológicas do envelhecer: uma conversa que
quer se expandir 63

Maria José Sousa dos Santos

Sentimentos de tristeza e medo da morte:
memória e movimentos criativos no envelhecer 93

Fernando José Barbosa Rocha

Não nascemos para morrer, morremos
para ressuscitar 121

Leonardo Boff

Depoimentos

A inteligência vence a força: reflexão de uma
criança 139

Francisco Oromi Reinaldo de Souza

Da criatividade no envelhecer 141

Marialzira Perestrello

Vinte anos vezes quatro... e ainda mais 155

Yolanda B. Thomé

Testemunho 163

Rose Marie Muraro

Jovens e idosos 169

Luis Viegas de Carvalho

Um outro envelhecer sempre é possível 173

Rogério Luz

AUTORES

Fernando José Barbosa Rocha

Psicanalista

Francisco Oromi Reinaldo de Souza

Estudante

Leonardo Boff

Teólogo e filósofo

Lucia Ribeiro

Socióloga

Luis Viegas de Carvalho

Psicanalista e filósofo

Maria José Sousa dos Santos

Médica

Marialzira Perestrello

Psicanalista e poeta

Rogério Luz

Poeta, filósofo e pintor

Rose Marie Muraro

Escritora e física

Yolanda B. Thomé *(in memoriam)*

Foi editora e assessora da Cooperação Internacional

O MESMO ENVELHECER NUNCA É POSSÍVEL
Rogério Luz

O mesmo envelhecer nunca é possível
Já que o tempo infiel sempre renova
A aparência mutante em cada nível
Da viagem vertical que ao pó retorna.

Um outro envelhecer é mais destino
Que escolha sábia e livre, ao deus do tempo
Tendo a vida os humanos submetido
Tal inconstante lua em seu tormento.

Tu mesmo és outro: igual e diferente
Buscas a cada instante algum sentido
Nas vagas do presente, mar obscuro.

Atlântida perdida, continente
Em sua própria memória submergido,
Naufragaste no olvido do futuro.

INTRODUÇÃO
Lucia Ribeiro

Para os que já navegamos pelas águas ora serenas ora turbulentas – mas sempre instigantes – da sexta ou sétima década da vida, pensar novas formas de viver essa (pen)última etapa da existência é um desafio concreto. Nossa geração viveu tempos marcados pela esperança de transformar o mundo, expressa em processos políticos, culturais, sociais. Viveu também os momentos de ocaso, de revezes, de desilusão. Mas para muitos de nós, que participamos ativamente desses processos, o compromisso com a transformação social, em seus mais diversos níveis, continua vivo. E diante do desafio colocado pelo atual momento da vida, acreditamos que "um outro envelhecer é possível", se nos assumimos como sujeitos ativos dessa etapa, tornando-a uma experiência socialmente fecunda e pessoalmente feliz.

Ao mesmo tempo, o momento em que se começa a vivenciar existencialmente o envelhecer talvez seja o mais adequado para refletir sobre o processo, tentando escapar do impasse que Benoîte Groult (2008, p. 27)[1] define bem, ao afirmar que:

---
[1] Ver, da autora, *La touche étoile*, Ed. Grasset, Paris, 2006 (há tradução portuguesa).

para escrever validamente sobre a velhice é preciso ter penetrado na velhice. Mas, neste caso, ela também penetrou em você e o torna pouco a pouco incapaz de apreendê-la. Não se saberia tratar do assunto senão suficientemente idoso... mas não se é capaz de falar do tema se algo de juventude não permanece em cada um.

A solução estaria em aproveitar a intersecção entre essas duas situações, para refletir sobre o tema. E essa é justamente a ocasião que se coloca para a nossa geração.

Partimos da ideia de que o processo do envelhecer, inerente a todos os seres vivos, adquire maior complexidade e inclui dimensões diferenciadas quando se trata da espécie humana. Por um lado, constitui-se como um processo biológico que afeta o organismo do(a) idoso(a); acarreta, ao mesmo tempo, consequências psicológicas, transformando sua estrutura emocional; modifica seu relacionamento com o mundo, em uma perspectiva existencial; finalmente, é sempre condicionado pela estrutura social na qual a pessoa se insere (BEAUVOIR, 1970, 13). Entre essas diversas dimensões há uma estreita interdependência: nenhuma delas, isoladamente, dá conta do processo.

Tentando situar essa reflexão no tempo e no espaço, nos centramos no contexto da realidade brasileira atual e, mais concretamente, em nossa experiência existencial. A partir de uma inquietação pessoal, já vinha partilhando reflexões e preocupações sobre as questões do envelhecer com algumas amigas: Ney Paiva Chaves, Iza Guerra, Maria José Santos, com quem formei uma equipe original que veio a organizar, em outubro de 2005, um encontro em Guapimirim, RJ. Com a participação de cerca de 30 pessoas – profissionais de setores médios urbanos do Rio de Janeiro e de São Paulo – elaboramos uma reflexão conjunta, a partir da nossa experiência.

Abordamos então diversas dimensões do envelhecer – desde uma perspectiva sociológica, psicológica, biológica e espiritual – através de exposições mais sistemáticas, mas, sobretudo, por meio da troca de experiências, provocando uma reflexão coletiva e colocando novos – e instigantes – desafios.

Depois do encontro, a reflexão e o debate entre nós continuou e em 2007 fizemos um novo seminário na Barra, Rio de Janeiro, com um grupo menor.

Foi a partir dessas experiências que pensamos em publicar uma coletânea mais ampla sobre a problemática do envelhecer. Conscientes da complexidade do tema, tentamos abordá-lo não só a partir de perspectivas e enfoques diversos, mas também sob formatos diferenciados, juntando a textos mais analíticos outros que trazem a experiência viva. Não temos, entretanto, nenhuma pretensão de ser exaustivos: a temática certamente inclui outras perspectivas, que não tivemos possibilidade de abordar nesse momento – quem sabe o faremos no futuro? –, mas nos pareceu importante abrir o diálogo com a reflexão que já realizamos, com o intuito de aprofundar seu sentido e trazer uma colaboração experiencial que possa ajudar na travessia dessa etapa.

A presente coletânea tem logo no início meu texto, *O processo do envelhecer: realidades e desafios*, situando a temática no contexto da sociedade brasileira: ao apontar para as transformações significativas pelas quais vem passando a realidade dos idosos, no momento atual, explicito as rupturas que representam, sem negar algumas continuidades que perduram. Abordo, em seguida, questões que brotaram de nossa experiência, tendo como matéria-prima a reflexão realizada coletivamente por nosso grupo; aqui se incluem aspectos tais como a consciência da velhice, as perdas e os ganhos que se dão nessa etapa de vida, a inserção familiar, o compromisso profissional, a sexualidade, a solidão, a morte. O texto pretende esboçar um panorama mais amplo, desde a perspectiva sociológica, abrindo possibilidades de articulação com as outras temáticas.

No capítulo seguinte, Maria José Santos enfoca a questão das "bases biológicas do envelhecer", analisando-as a partir de sua dimensão humana, na qual a subjetividade impregna a dimensão física/ química/ biológica. Para a autora, o envelhecer inclui, com o aspecto declinante, uma permanente capacidade de regeneração, e não se confunde com o processo do adoecer, que tem uma dimensão patológica; vai sendo construído ao longo da vida, e as possibilidades de vivê-lo de uma forma saudável dependem mais do componente histórico do que da constituição genética. Na compreensão do processo biológico, alguns fios condutores se destacam: o papel dos hormônios e neurotransmissores, o processo contínuo de nascimento e morte celular e o fenômeno da oxidação; ao mesmo tempo, a autora salienta o fenômeno do "desuso" de nossas funções como um dos causadores de limitações e termina acentuando a importância da consciência corporal.

O artigo de Fernando Rocha, *Sentimentos de tristeza e medo da morte: memória e movimentos criativos no envelhecer,* faz uma interessante e rica reflexão sobre duas reações diante do processo do envelhecer: uma que enfatiza o medo do envelhecer e o sentimento de tristeza diante da perda, levando a uma situação de depressão e fragilidade e outra que, sem negar as perdas, parte de uma revivificação do passado revitalizado no presente para criar elaborações criativas, que possibilitam vislumbrar novos horizontes. Para ilustrar esta última alternativa, apresenta uma experiência concreta de elaboração criativa por meio da música.

Já Leonardo Boff enfrenta diretamente o tema da morte/ressurreição: "Não nascemos para morrer, morremos para ressuscitar". Visualiza a condição humana pela imagem de uma elipse com dois polos: o primeiro seria o da exterioridade, expressando-se na curva biológica, que inicialmente ascende, para depois se desgastar e morrer; já o segundo, da interioridade, seguiria uma curva com possibilidades indefinidas de crescimento. É no entrelaçamento dessas duas curvas que se situa o ser humano. E nessa perspectiva, a morte significaria a passagem da vida mortal para a vida plena, que se dá na ressurreição. Embora não consiga prever exatamente como será o corpo/alma ressuscitado, a perspectiva do autor frente à morte é otimista, ao apontar para a plena realização do desejo: morremos para viver mais e melhor.

Seguindo esses textos mais analíticos, a segunda parte do livro traz a experiência concreta do envelhecer por meio do testemunho de quatro pessoas idosas. Em situações diferenciadas e em distintas faixas de idade, cada uma delas analisa as perdas e os ganhos dessa etapa da vida.

Marialzira Perestrello, do alto de seus 93 anos, vem conseguindo viver essa última etapa com criatividade, assumindo mudanças em sua trajetória intelectual, expressando-se através da poesia, e cultivando as relações de amizade. "Enquanto estou viva, vivo."

Yolanda B. Thomé[2] nos doeixou pouco tempo atrás, mas sua presença e seu testemunho continuam vivos entre nós especifica patamares que, para ela, foram marcos: o término do trabalho profissional, a morte do companheiro. E descobre, junto com as limitações, as possibilidades de crescimento, pela abertura aos outros, numa etapa em que "ser é mais importante do que fazer".

Rose Marie Muraro parte de uma experiência de vida que, desde o início, foi marcada pelas perdas dadas por sua situação de saúde. Entretanto, seu envelhecer revela a tensão entre essas perdas e a riqueza de uma etapa fecunda, marcada pelo trabalho profissional, a presença de filhos e netos e a relação com o companheiro que encontrou nos últimos tempos. "A cabeça está a mil e meu corpo está desmontando."

Luiz Viegas, tendo passado por um sério problema de saúde, poucos anos atrás, reconhece que à velhice "não lhe faltam vendavais". Entretanto, resistente, continua pensando que "viver é melhor do que virar ruínas".

A reflexão de um menino de 12 anos, Francisco Oromi R. de Souza, faz um contraponto aos testemunhos

---

[2] Yolanda nos deixou pouco tempo atrás, mas sua presença e seu testemunho continuam vivos entre nós.

dos mais velhos. Olhando a velhice a partir do outro extremo da vida, estabelece uma ponte entre as duas situações, percebendo em ambas a limitação dos graus de autonomia. Essa última etapa é vista, a partir do seu imaginário, entre luzes e sombras.

Finalmente os dois sonetos de Rogério Luz, feitos especialmente para a reunião de Guapimirim, trazem uma densa reflexão filosófica revestida de beleza poética, sobre as (im)possibilidades de um mesmo ou de um outro envelhecer.

Gostaria aqui de agradecer, com todo o meu carinho, a todos que participaram do processo, trazendo uma contribuição rica e fecunda e estimulando sua realização. Desde o princípio, este foi um processo coletivo: o projeto se deve à equipe original, à qual se somou também a presença marcante e competente de Letícia Cotrim. Seu conteúdo foi enriquecido pela reflexão e pela experiência de cada um dos colaboradores, que trouxeram seu toque específico. Ângela Dias, por sua vez, fez uma revisão cuidadosa e aprimorou a linguagem de todo o conjunto. Não poderia esquecer, finalmente, o apoio constante e afetuoso de meu companheiro, Luiz Alberto Gómez de Souza – embora testando sua paciência! –, ao longo de todo o processo.

A todos, meu muito obrigada!

ARTIGOS

O PROCESSO DO ENVELHECER: REALIDADE E DESAFIOS

Lucia Ribeiro[1]

O processo do envelhecer é uma experiência pessoal, vivida por cada um no âmbito de sua individualidade; mas é, ao mesmo tempo, fortemente condicionado pela estrutura social na qual a pessoa se insere. Assume, portanto, formas as mais diversas, conforme a época, a cultura, a classe social, o gênero, a raça/etnia. Na realidade brasileira atual – sobre a qual nos centramos – as enormes desigualdades econômicas e sociais fazem com que essa diversidade se amplie ainda mais, desenhando perfis de envelhecer muito distintos. E tudo isso se dá dentro de um quadro que, longe de ser estático, vem passando por significativas mudanças nas últimas décadas.

Nesse contexto, complexo e dinâmico, tentamos aqui, na primeira parte do trabalho, traçar um breve diagnóstico da situação dos idosos, identificando os fatores sociais que a condicionam na realidade brasileira atual. Constatando sua

---

[1] Lucia Ribeiro nasceu no Rio de Janeiro, em 1934. É casada, tem três filhos e seis netos. Socióloga, trabalhou como pesquisadora nas áreas de saúde, sexualidade, reprodução, religião e migração; é também assessora de movimentos sociais. Tem quatro livros publicados, entre os quais Masculino/Feminino: experiências vividas (2007), em parceria com Leonardo Boff. Publicou, além disso, numerosos artigos.

diversidade, decidimos focalizar, em seguida, um grupo específico: profissionais de setores médios. É a partir de sua experiência que analisamos questões que nos parecem as mais pertinentes, tentando abrir pistas para vivenciar de outra forma esse processo. Essa análise se baseia fundamentalmente na reflexão coletiva que vem sendo realizada por um grupo, a partir do Encontro de Guapimirim, em 2005;[2] essa constitui a matéria-prima sobre a qual minhas próprias reflexões e questionamentos se colocam: é seu resultado (provisório) que sintetizo, na segunda parte do texto.[3]

1. O processo do envelhecer na realidade brasileira atual

Para compreender o processo do envelhecer na atual situação brasileira, é importante distinguir alguns fatores sociais que o condicionam diretamente. Sem nenhuma pretensão de ser exaustiva, gostaria de salientar:

a) *A relevância demográfica das pessoas idosas*

O Brasil, que sempre foi conhecido como um país jovem, vem sofrendo um acelerado processo de envelhecimento. Aproximadamente 20 milhões de pessoas são maiores de 60 anos, o que representa 10,5% da população (PNAD/ IBGE, 2007). Esse fato está causando uma verdadeira revolução, sobretudo levando em conta que essa é a faixa

---

[2] Ver, a respeito do histórico do grupo e do Encontro de Guapimirim, a introdução desta coletânea.

[3] Consciente da característica coletiva dessa reflexão, aproveito para agradecer uma vez mais a todos que dela participaram, eximindo-os, ao mesmo tempo, de possíveis falhas devidas à minha interpretação pessoal ao sistematizá-la.

etária da população que cresce mais rapidamente e que, portanto, essa proporção tende a aumentar. Esse processo se explica basicamente pela queda da taxa de natalidade e pelo aumento da expectativa de vida.

É importante salientar, entretanto, que essas mudanças nos indicadores demográficos se devem mais aos progressos científicos e tecnológicos, nas áreas da biologia e da medicina, do que a melhorias nas condições socioeconômicas. Na realidade, em uma sociedade marcada por desigualdades de todo tipo, o aumento do número de idosos vem significando também uma "pauperização da velhice", ou seja, um aumento do contingente de idosos que são pobres.

Por sua vez, o progresso tecnológico no campo da assistência médica também gera contradições: se por um lado representa melhores condições de saúde e, em geral, melhor qualidade de vida para os idosos, em contrapartida vem generalizando a utilização das Unidades de Tratamento Intensivo – UTIs – com todas as ambiguidades que implicam, ao oferecer uma assistência médica mais completa e eficiente, mas que, ao mesmo tempo, pode ser desumanizante, possibilitando, inclusive, o prolongamento da vida em situação vegetativa.

O aumento da esperança de vida, por sua vez, representa uma significativa ampliação da faixa etária dos idosos: vários começam a alcançar a idade centenária. Isso torna indispensável estabelecer distinções entre as etapas do envelhecer; há que se especificar pelo menos duas: a das pessoas idosas/jovens, normalmente chamada de "terceira idade", e a das idosas/idosas, que já configurariam uma "quarta idade". Os indicadores cronológicos usualmente utilizados para defini-las seriam, para a primeira, a faixa etária que vai dos 60 aos 80 anos, enquanto a segunda incluiria os maiores de 80 anos. É importante ressalvar, entretanto, que esses limites são aproximativos e não podem ser estabelecidos com precisão. Além disso, o critério meramente cronológico não dá conta de uma situação muito mais complexa, na qual incidem outros fatores, com pesos diversos. Entre estes, um dos mais relevantes é o critério da autonomia, que possibilita distinguir idosos/autônomos e idosos/dependentes, distinção essa que configura situações claramente diferenciadas, indo muito além da mera indicação da idade.

b) *A situação profissional e econômica da pessoa idosa*

A situação profissional é um elemento fundamental para definir a posição social e econômica do idoso. Está diretamente relacionada à questão da saída – total ou parcial – do mercado de trabalho, configurando diversas alternativas: cessar completamente a atividade profissional, continuar trabalhando – formal ou informalmente – ou ainda seguir uma vida ativa, apenas diminuindo o ritmo da mesma. A alternativa adotada acarreta consequências imediatas para a vida cotidiana da pessoa, sobretudo no caso dos homens, em uma sociedade como a nossa, ainda muito marcada pelo patriarcalismo.

A escolha dessas alternativas é condicionada por dois fatores fundamentais, embora não únicos: a existência e o montante da aposentadoria.[4] A grande maioria se defron-

---

[4] No Brasil, 22% da população idosa não recebe nenhum tipo de aposentadoria ou pensão, sendo essa proporção um pouco mais elevada (24%) no caso das mulheres, de acordo com a PNAD/IBGE – 2003.

ta, em geral, com aposentadorias exíguas, situação que se agrava ao pensar no aumento inevitável de gastos com a saúde, nessa etapa. Isso faz com que apenas um pequeno setor de idosos tenha realmente liberdade de escolha diante das alternativas propostas. É também basicamente para esse grupo, econômica e socialmente privilegiado, que se destina um novo mercado de consumo, criado para essa faixa etária.

Já entre os setores mais carentes, a situação é significativamente diversa. São os mais velhos que assumem, frequentemente, a função de provedores: em alguns casos, a aposentadoria do idoso, mesmo escassa, pode tornar-se uma contribuição importante – quando não a única – para a economia familiar. Isso pode gerar, entretanto, situações de precariedade ou mesmo, em alguns casos, de injustiça e exploração do idoso.

c) *A situação familiar da pessoa idosa*

Nas últimas décadas, várias transformações vêm ocorrendo na estrutura familiar, a partir de fatores como:

• a redução do número de filhos e a diminuição do tamanho da família nuclear;
• o aumento do número de separações e a possibilidade de segundas e terceiras uniões;
• o aumento da gravidez adolescente;
• a crescente inserção da mulher no mercado de trabalho e as consequentes dificuldades para continuar a exercer as funções domésticas que tradicionalmente lhe foram atribuídas.

Esses aspectos estão intimamente relacionados com as profundas mudanças que se deram no campo da sexualidade e da reprodução. Assim, a descoberta da pílula anticoncepcional na década de 1960 representou, sobretudo para as mulheres, uma verdadeira revolução, possibilitando um planejamento efetivo do número de filhos.

A expansão do movimento feminista, atingindo não só as mulheres, mas também os homens, veio desvelar a consciência de gênero, mudando atitudes e comportamentos. E a chamada "revolução sexual" na década de 1970 representou – ainda que de forma controvertida – a passagem da repressão à liberação. Ainda que essas mudanças tenham atingido mais diretamente as gerações de filhos e netos dos atuais idosos, refletem também na situação deles.

Com efeito, a forma como os idosos se inserem nos novos arranjos familiares condiciona, em primeiro lugar, suas condições de moradia: há idosos que vivem apenas com o cônjuge, outros vivem acompanhados por membros da família. Há também uma proporção significativa (12%) que vive só.[5] E há ainda a possibilidade de conviver com outras pessoas que não são da família.

Evidentemente, o grau de autonomia do idoso é aqui um fator decisivo: para os que vivem em uma situação de dependência e não têm condições de se assumir sozinhos ou de ser assumidos pela família ou por amigos, a alternativa é viver em asilos e/ou casas geriátricas.

Por outro lado, as transformações da estrutura familiar também geram novas questões, que repercutem sobre a situação dos idosos. Por exemplo, entre setores médios e al-

---

[5] Fonte: PNAD/IBGE – 2003.

tos, a diminuição da disponibilidade feminina para cuidar de pessoas mais velhas leva ao surgimento de uma figura antes inexistente: o acompanhante. Já o aumento da gravidez adolescente representa uma responsabilidade que recai frequentemente sobre os idosos – particularmente as avós –, visto que nem sempre a jovem mãe tem condições de cuidar adequadamente da criança. Por sua vez, o aumento das separações e a existência de segundas e terceiras uniões estabelecem novos desenhos nas relações familiares. Finalmente, a liberdade maior no campo sexual também abriu caminho para que os idosos – viúvos ou separados – adotem novas práticas nesse campo, com consequências diversificadas: se por um lado têm maiores possibilidades de refazer sua vida afetiva e sexual; por outro, começam a ser um grupo de risco no que se refere à epidemia de HIV/Aids, já que nem sempre utilizam métodos adequados de prevenção.

d) *A situação social dos idosos*

Também nesse aspecto há mudanças: a situação vivida anteriormente pelos idosos – marcada pela inatividade, marginalidade e/ou reclusão – poderia ser sintetizada em imagens clássicas como a do "aposentado de pijama" ou a da "vovó tricotando". Hoje, pelo contrário, essas pessoas têm outras oportunidades, podendo levar uma vida mais autônoma e independente, além de exercer diversas atividades.

Simultaneamente, vemos surgir uma série de iniciativas específicas para essa faixa etária, sejam elas oferecidas pela sociedade e pelo Estado ou criadas pelos próprios idosos. Entre as primeiras, destacam-se, na área de políticas públicas, o Estatuto do Idoso e os Conselhos do Idoso. Há também uma enorme diversidade de projetos, nos campos da cultura e da educação (desde cursos de alfabetização até universidades),[6] assim como no nível do lazer e do turismo, passando por toda uma gama de cuidados com a saúde e o corpo.

Já as iniciativas criadas pelos idosos também abrangem diversas áreas; mas aqui a nota distintiva é a auto-organização, a partir de uma tomada de consciência de sua situação: as pessoas mais velhas criam espaços próprios de atividades, organizando-se, sobretudo, em defesa de seus direitos e resgatando a própria cidadania.

e) *A persistência da discriminação*

É evidente que todo esse contexto incide na imagem cultural da pessoa idosa; entretanto, aqui a mudança se dá com um ritmo muito mais lento. Embora já haja relevantes transformações na situação dessa faixa etária, em nível demográfico, econômico e social – como acabamos de ver – ainda persiste, no nível cultural, o preconceito ou mesmo um verdadeiro estigma, que se expressa até nos menores detalhes da vida cotidiana: na linguagem, na negação da idade, nas atitudes de desrespeito e descaso, quando não de verdadeira exploração e abuso. Nesse sentido, o livro de Simone de Beauvoir sobre a velhice, escrito há aproximadamente 40 anos, é significativo: se, por um lado, deixa de abordar mudanças importantes, no que se refere à situação dos idosos – posto que só ocorreram no período posterior à

---

[6] Assim, por exemplo, a universidade se abre para a terceira idade, com cursos específicos: nesse campo, no Rio de Janeiro a Unirio é pioneira, seguida pela Unati, vinculada à Uerj, e outras mais.

sua publicação –, por outro continua a ser totalmente atual ao revelar o preconceito e a discriminação, que já existiam na época e que hoje ainda persistem: a velhice continua a ser percebida como uma *realidade incômoda*, uma espécie de "segredo vergonhoso em torno do qual se tece uma conspiração de silêncio" (BEAUVOIR, 1970, p. 6).

A literatura atual confirma esta perspectiva: Benoîte Groult, em novela recentemente publicada, se refere ao "jeunisme" predominante, para o qual a velhice é encarada quase como um delito, do qual só é possível redimir-se *não* falando a respeito.[7]

Já na perspectiva antropológica, Miriam Goldemberg, em seu livro *Coroas,* constata a realidade do estigma, mas percebe, numa análise sutil, que este pode ser "encoberto", pelo fato dos idosos – sobretudo as mulheres – não se reconhecerem como tais, o que torna duplamente difícil abordar a questão (GOLDEMBERG, 2008, 13).

Aqui se coloca o paradoxo: a modernidade, embora tenha conseguido, através dos progressos tecnológicos e científicos, ter uma população crescentemente mais velha – com todas as consequências que esse fenômeno implica – mantém, ao mesmo tempo, atitudes e comportamentos profundamente discriminatórios.

Duas razões, a meu ver, podem explicar – embora de forma alguma justifiquem – essas atitudes e comportamentos. Por um lado vivemos em uma sociedade em que o mito da juventude se impõe vigorosamente: de acordo com os padrões vigentes, o modelo ideal é o de um corpo jovem, belo e esbelto. Na realidade brasileira contemporânea, o corpo é

---

[7] Trata-se de *La touche étoile*, recentemente traduzido para o português.

considerado "um capital simbólico, um capital econômico e um capital social" (GOLDEMBERG, 2008, 15). Não se trata apenas de ter um corpo saudável e equilibrado – preocupação legítima que vem marcando nossa época –, mas de uma verdadeira obsessão, que se sujeita a qualquer sacrifício para construir o "modelo perfeito". É evidente que esse modelo não se aplica aos que expressam, fisicamente, em seu corpo, as inevitáveis marcas do tempo e que, em consequência, passam a ser desvalorizados nesta sociedade.

Mas há outro elemento a ser observado: como vivemos em uma sociedade de mercado, determinada pelas leis que o regem, aquele que não produz é descartável. "A economia baseia-se no lucro, é praticamente a ele que está subordinada toda a civilização: o material humano só desperta interesse na medida em que pode ser produtivo" (BEAUVOIR, 1970, p. 11). Ao não estarem inseridos no mercado de trabalho, e não serem considerados "produtivos", os idosos são inevitavelmente marginalizados.

Em consequência, preconceitos e discriminações ainda são muito fortes em nossa sociedade. Aceitos pela grande maioria, sem questionamentos, são internalizados inclusive pelos próprios idosos, que têm dificuldades para se reconhecer como tais, ou chegam mesmo a negar a idade.

Afirmar a existência da discriminação não significa, entretanto, cair numa análise simplista e reducionista, que negaria totalmente a consciência do valor dos mais velhos e a consideração devida a eles. Pelo contrário, a realidade é marcada por certa ambiguidade: junto com a discriminação e o preconceito dominantes, resta ainda um espaço que preserva a tradição de respeito aos mais velhos, e que também se abre a novas reações.

f) *Reações*

Nesse contexto, é possível perceber tentativas de valorizar essa etapa da vida. O próprio conceito de terceira idade, que surgiu há relativamente pouco tempo, passa a ser utilizado com outros termos, por exemplo, melhor idade, com o intuito de apresentar uma visão positiva dessa etapa.

Entretanto, ao reagir contra o preconceito e a discriminação, corre-se o risco de passar para o outro extremo, numa visão ufanista e jubilosa da velhice, preocupada apenas em enfatizar um ócio "merecido", a ser preenchido com atividades de lazer. Descobre-se aí uma concepção alienante, que de certa forma "infantiliza" o idoso, eludindo suas possibilidades de viver e atuar como uma pessoa adulta, responsável por sua própria vida. Mais ainda: ao trazer uma visão edulcorada e simplista da velhice, nega-se uma realidade muito mais complexa, que inclui ganhos, mas também perdas, para usar os termos utilizados por Lya Luft.[8] Não se pode esquecer que, junto com os aspectos positivos dessa etapa da vida, suas inevitáveis limitações também estão muito presentes.

Isso ficou muito claro para mim quando – pensando na importância de valorizar a especificidade dos idosos – pensei em fazer uma analogia com o movimento negro americano que, lutando contra a discriminação da cor, afirmava: "Black is beautiful". Entretanto, no caso da discriminação da idade, o simplismo de uma afirmação semelhante fica evidente: não dá para dizer sem mais "Old is beautiful": aqui, o desafio é bem mais complexo...

---

[8] Ver, a respeito, o livro de Lya Luft que tem exatamente este título: *Perdas e ganhos*.

2. Os desafios no momento atual

Diante desse quadro mais geral, alguns aspectos nos pareceram particularmente relevantes. Tentamos abordar a questão a partir de uma perspectiva dialética, que implica partir da realidade em sua complexidade, reconhecendo não só suas inevitáveis limitações, mas também os espaços de possibilidades que se abrem a nossa criatividade. Em alguns de seus aspectos, "old" até que pode ser "beautiful"...

Para além das limitações reais, cremos que é possível construir uma identidade do idoso/a enquanto sujeito de direitos e de deveres, responsável por sua própria história. Nesse sentido, *um outro envelhecer é possível* se, partindo das condições reais que se colocam no momento atual, conseguimos desenhar um projeto, que não é apenas um desejo abstrato, mas que já se fundamenta na própria experiência vivida por nós. Trazemos aqui a visão de um setor específico: o dos profissionais urbanos de classe média. Somos uma geração que nasceu nos anos 30 e 40 e que vivenciou, ao longo do tempo, um período de transformações importantes na realidade brasileira, tanto em relação ao contexto socioeconômico como também no plano cultural e político.

Hoje, ao enfrentar o desafio do envelhecer, essa geração se encontra condicionada não só por sua história, mas também por suas vivências atuais.

Foi a partir desse lugar social – e sem nenhuma pretensão de abranger toda a problemática dos idosos hoje, no Brasil – que construímos uma reflexão coletiva, que aqui tento sistematizar, a partir de minhas próprias reflexões e questionamentos.

Caracterização da velhice: perdas e ganhos

Partimos das questões concretas que, para nós, vêm surgindo ao longo do processo do envelhecer. Reconhecemos, inicialmente, as perdas que vamos vivenciando: estas se dão em vários níveis. No nível biológico, incluem mudanças no metabolismo, flacidez do corpo, maior sensibilidade às dores, capacidade de recuperação física mais lenta, diminuição da libido sexual, menor capacidade de trabalho, perda de energia, insônia, entre outros fatores. Mas se situam também no plano psicoemocional, incluindo falhas de memória, aumento da ansiedade, desenvolvimento de manias e hábitos mais rígidos, perda do senso de humor, centralismo em si próprio, melancolia e depressão, incentivando o isolamento.

Com tudo isso, é clara a percepção da perda dos lugares sociais, profissionais e familiares, levando a uma sensação de relativa impotência diante das transformações. E aqui se coloca particularmente a dimensão da doença e da perda de autonomia e, aproximando-se de forma inelutável, a morte.

Groult (2006, p. 23) sintetiza esse quadro através de um diagnóstico expressivo:

> não somos apenas uma pele velha, isto a gente pode sempre tirar de letra; somos feitos também de velhos ossos que se tornam porosos, de um velho estômago que suporta mal a deliciosa ardência do álcool, de um velho cérebro que submerge diante dos substantivos próprios e depois dos substantivos comuns, de velhas veias que se distendem enquanto as artérias, por sua vez, se enrijecem; e vivemos com um velho

amor em quem observamos os mesmos sintomas ou sem nenhum amor, apenas com uma foto, imutável, em uma moldura de prata sobre a mesa de cabeceira.

Embora Groult chegue às vezes a fazer uma descrição da realidade de forma quase cruel, ao mesmo tempo trata o tema com um humor inteligente (e com isso, inclui em sua análise uma perspectiva que também é fundamental em nosso debate, e que talvez seja a melhor forma de lidar com as inevitáveis limitações da idade: a capacidade de olhar a realidade com senso de humor).

Por outro lado, é preciso reconhecer que o envelhecer, se inevitavelmente implica perdas, implica também uma série de ganhos. Entre estes, destacam-se uma disponibilidade maior para dedicar-se aos outros, sejam eles pessoas da família – e nesse âmbito os netos têm um lugar especial – ou amigos, a "família do coração", assim como companheiros ou discípulos; uma capacidade maior de tolerância, paciência e tranquilidade; uma maior consciência corporal e preocupação em trabalhar o corpo; uma sensibilidade aguçada para a beleza; a (re)descoberta da poesia; a criatividade para modificar escolhas; uma aceitação maior da diversidade e do pluralismo; e, *last but not least*, as possibilidades de abertura para a dimensão mística e espiritual.

A gama de espaços abertos aos idosos é ampla. Ao afirmar que *um outro envelhecer é possível*, tentamos, justamente, explorar uma série de possibilidades que – embora nem sempre visíveis à primeira vista – podem ser atualizadas e, mais que isso, construídas, nessa etapa da vida.

Consciência da velhice

Aceitar a metamorfose que vai se dando em nós não é um processo fácil. O reconhecimento subjetivo do processo não coincide necessariamente com o seu desenvolvimento objetivo. Muitas vezes, inclusive, temos que reconhecer uma verdade incômoda: "nos tornamos velhos diante do olhar dos outros, muito antes de sê-lo aos nossos próprios olhos" (GROULT, 2006, p. 20). E às vezes é por meio desse olhar que tomamos consciência do que acontece conosco. Isso pode suceder de forma repentina, quando há um marco que define o salto qualitativo: a perda dos pais, a saída dos filhos da casa paterna, uma doença, um acidente ou simplesmente um aniversário que marca uma década investida de peso simbólico, como 60 ou 70 anos. Outras vezes, porém, o processo vai dando-se gradativamente e quando percebemos já somos (definitivamente) velhos...

Groult (2006, p. 22) tem uma intuição rica, quando descreve a dificuldade de se aceitar como tal:

> Envelhecer é o destino comum, todos sabem. Vagamente. O conceito segue sendo abstrato, e esta consciência do destino coletivo da espécie não prepara de forma alguma para a experiência solitária da SUA velhice e da dilacerante vivência da SUA morte. [...] Se soubéssemos, de uma vez por todas, que somos uma "pele velha" nos habituaríamos. O drama é que no começo a gente esquece... E depois, um dia, é absolutamente necessário admitir que somos definitivamente velhos. É aí que realmente balançamos e que é necessário reaprender tudo.

O primeiro sentimento é de susto: a consciência da própria velhice exige o reconhecimento das limitações físicas e a necessidade de construir um novo pensamento, para aceitar esses limites e encontrar formas de lidar com eles.

Uma das primeiras exigências é aprender a conviver com a perda de energia física: como integrar uma cabeça de 25 anos em um corpo de 70?

Aqui se coloca a necessidade de aprofundar conscientemente o compromisso com a própria pessoa: tanto o corpo como a mente exigem, nessa etapa, um nível maior de cuidado e atenção. Na realidade, para o nosso grupo, socialmente privilegiado e que tem acesso a recursos médicos e terapêuticos de todo tipo, isso já se coloca como uma prioridade, pelo menos teoricamente (na prática, nem sempre temos a persistência e a disciplina para cuidar-nos devidamente...). Mas esse cuidado se coloca como indispensável, porque as deficiências, pequenas ou grandes, vão se multiplicando: as dificuldades se colocam no mesmo plano das batalhas diárias – como a perda gradual da audição e da visão – e vão marcando, inexoravelmente, o cotidiano. Essas situações podem inclusive gerar tensões emocionais, agudizando os limites reais.

É então que a questão da autonomia coloca-se como uma meta a ser conquistada; porque não se trata de algo que já está pronto e nos é dado, mas, pelo contrário, de uma realidade mutável, cujos graus podem variar, condicionada que é pelas deficiências – objetivas e/ou subjetivamente percebidas – que estabelecem seus limites. Estes podem ir se estreitando, de acordo com as circunstâncias, e, nesses momentos, é indispensável ter a lucidez para perceber toda e qualquer brecha que possa garantir a autonomia possível. Como dizia um cartaz de apoio a Barack Obama, em sua luta por uma política de saúde mais ampla: "Yes, we *still* can..."

Mas às vezes chega um momento em que temos que reconhecer que já não podemos mais; e o grande desafio é saber aceitar a situação de dependência.

Embora ninguém queira sentir-se uma carga para os outros, tanto física como emocionalmente, é mister reconhecer que, em certas situações, vamos precisar de ajuda. E nesses casos é fundamental ter a simplicidade – e a humildade! – de saber aceitar a colaboração do outro. Isso pode implicar, inclusive, dificuldades adicionais, já que nem sempre há coincidência entre o que necessitamos e o que o outro pode nos oferecer; e, nesse caso, é preciso um esforço suplementar...

As formas de perceber-se como idoso são, evidentemente, muito diferenciadas, de acordo com o gênero, a inserção familiar, as condições de saúde e mil outros fatores que condicionam a situação própria de cada um. Mas tomar consciência da velhice implica, sobretudo, assumir a vida como um processo. Nossa própria identidade está em permanente (re)construção: vai se modificando de acordo com os diferentes papéis que assumimos ao longo da vida, embora mantendo um eixo básico que define nossa maneira de ser no mundo. O conhecimento que vamos adquirindo, por meio das diversas etapas da vida, constitui um saber que se sedimenta e nos indica formas de enfrentar as dificuldades. É aí que vamos buscar energia e exemplos para enfrentar os novos desafios, em um processo de constante adaptação.

Ao mesmo tempo, tomamos consciência de que o simples fato de ter vivido – e sobrevivido – um longo tempo nos leva a atingir uma fase da vida na qual certos direitos são socialmente reconhecidos. A própria legislação os legitima, o que não significa, entretanto, que já sejam efetivamente postos em prática. E aqui se abre um amplo campo de ação para os idosos: defender os próprios direitos e, para tanto, como primeiro passo, tomar consciência destes.

A família

Os laços familiares e afetivos parecem ganhar uma importância crescente para os idosos, dependendo, naturalmente, das formas – muito diversificadas – pelas quais estes se inserem em uma estrutura familiar em pleno processo de transformação, como foi anteriormente visto.

No nosso grupo, muitos de nós optamos por uma união estável, já ostentando a "Ordem do Mico-leão" (conferida aos que estão casados com os mesmos parceiros há 25, 40, 50 anos ou mais, e por isso considerados uma "espécie em extinção"). Há também muitos que estão vivendo a segunda ou a terceira união. Alguns assumem inclusive outras opções sexuais, e o homossexualismo tanto masculino quanto feminino – implícito ou explícito – vem aumentando. Muitas mulheres estão sós, sejam elas solteiras, viúvas ou separadas. Já com os homens, é curioso reparar que isso é menos frequente: ao ficarem sozinhos, imediatamente conseguem uma nova parceira.

Além disso, novas situações vêm colocando-se, ao partilhar experiências com os filhos, que, tendo passado pela "revolução sexual", estão arcando com suas consequências: têm filhos antes do casamento, casam-se, separam-se e casam-se novamente, voltam a viver com os pais, trazem os filhos do(a) novo(a) namorado(a) etc. Muitos de nós assumem também, direta ou indiretamente, a responsabilidade com idosos da "quarta idade". Ou seja, convivemos com arranjos familiares muito diferenciados e, nesse contexto, novos desafios se colocam.

Os que vivem sós podem dispor de uma grande liberdade, mas em muitos momentos têm de assumir a vida realmente sozinhos, o que, nessa etapa, não é fácil: precisam de mais energia. Ao mesmo tempo, muitos conseguem criar redes de amizade diversificadas – incluindo ou não pessoas da família – que são um suporte importante.

Já os que convivem com a própria família – mesmo que reduzida ao casal – têm aí uma fonte inesgotável de riqueza, mas também de inevitáveis conflitos, que necessitam ser administrados. Correm o risco de ser absorvidos por suas exigências, limitando o espaço para os projetos pessoais, ou, pelo contrário, de viver decepções, quando a família não corresponde às suas expectativas; por outro lado, podem contar com um apoio (potencialmente) constante, a ser permanentemente descoberto e recriado.

Muitos se dedicam aos filhos e netos, inaugurando com estes últimos um novo modelo de "abuelazgo": são relações mais próximas, menos formais, mais marcadas pelo companheirismo e pelo diálogo, diferentes das que caracterizavam os avós "tradicionais". Além disso, frequentemente os avós assumem mais o encargo de cuidar dos netos, aliviando a tarefa dos pais – e sobretudo das mães –, que, com uma vida profissional ativa e/ou novos vínculos matrimoniais, têm menos tempo e/ou condições de ocupar-se das crianças.

A vida familiar, para alguns, parece ser o caminho natural: além de se ter orgulho da família, há também a esperança de que os descendentes poderão, talvez, continuar a realizar os projetos de seus antecessores. Já para outros, essa continuidade se encontra ameaçada, quando se percebe, hoje, a dificuldade de dialogar com as gerações mais jovens, que se defrontam com realidades muito diferentes. Os mais velhos não sabem bem como relacionar-se com sua grande liberdade de pensamento e nem sempre se sentem aptos a preparar os filhos para enfrentar esta nova sociedade, competitiva, dura, excludente e, ao mesmo tempo, em rápida transformação.

Diante de mudanças intergeracionais muito rápidas, o legado que podemos transmitir – a partir de uma maior experiência e maturidade, de uma acumulação de saberes e da construção de um sistemas de valores – nem sempre se adequa às condições que as novas gerações estão vivendo. Isso não significa, entretanto, um abismo intransponível, embora as diferenças entre as gerações nunca tenham sido tão acentuadas. As possibilidades de diálogo são reais, embora mais difíceis; o que sim se exige hoje é um esforço maior, com uma dimensão de respeito mútuo e de tolerância que – convenhamos – nem sempre predomina, de um lado e de outro.

Nesse contexto, talvez o mais importante seja transmitir valores que consideramos fundamentais: o respeito pela vida, a solidariedade, a dignidade da pessoa humana, a igualdade, a liberdade. E isso se faz pelo diálogo e pela prática, a partir de uma ética vivida no cotidiano, o que significa abrir-se a suas possibilidades, mas também a suas (inevitáveis) limitações.

No outro extremo da vida, mais um desafio se coloca para os atuais sex/septuagenários: a dedicação e o cuidado com a "quarta idade", o que pode exigir muito. Embora as mudanças sejam extremamente rápidas – será que as novas gerações ainda manterão esse padrão? –, há (ainda!) filhos e filhas se dedicando à mãe, ao sogro, à tia, sem saber, muitas vezes, como definir o limite entre a gratuidade da doação e os sacrifícios mutiladores...

Entretanto, em toda essa problemática das relações familiares colocou-se, para alguns de nós, um aspecto polêmico: até que ponto a família não se transforma numa forma de derivação, ocupando o espaço de um compromisso profissional, social e político?

O compromisso profissional, social e político

A velhice é marcada por mudanças que se dão também em nível profissional: é o momento da saída do mercado de trabalho – ou pelo menos de modificações no ritmo de trabalho – e portanto de um maior "tempo livre", que pode ser preenchido de formas as mais diversas. Também nessa área houve transformações: à diferença das gerações anteriores, que relegavam homens e mulheres idosos a certa marginalidade, em nossa geração – e em nossa classe social e profissional – as possibilidades de se manter uma vida ativa são maiores: mulheres e homens, aposentados ou não, podem encontrar possibilidades de trabalho nas mais diversas áreas: a universidade, a profissão liberal, as ONGs, as associações, o trabalho voluntário. E, em um plano mais amplo, há que se pensar também nas possibilidades do "engajamento" e do compromisso social e político.

Nesse sentido, nossa geração é privilegiada porque nasceu em um tempo em que se abriam possibilidades de "transformar o mundo", ou pelo menos de sonhar em fazê-lo. Estavam dadas as condições para pensar uma sociedade mais justa, mais livre, mais feliz. E o sonho se fez projeto, pelo qual lutamos e nos entregamos. Conseguimos algumas vitórias, mas conhecemos também o sabor do fracasso e da desilusão. Hoje, apesar de tudo, essa história comum nos leva a nos sentir parte de uma realidade maior, pela qual somos responsáveis. Não somos meros espectadores: temos de discernir o que pode ser feito e dar nossa contribuição.

Assumir um compromisso ativo e participante com um ou mais grupos, sejam eles religiosos, profissionais, culturais ou de qualquer outro tipo, é considerado um fator fundamental para navegar serenamente nas águas, por vezes turbulentas, do envelhecer. Sentir-se parte de um todo, assumir sua responsabilidade pessoal frente a este, fazer *a parte que lhe toca neste latifúndio*, por menor ou mais limitada que seja – como a gotinha-d'agua que o beija-flor trazia para apagar o incêndio da floresta, lembrando a história contada por Betinho –; enfim, assumir, como se dizia nos anos 1950, "l'engagement" é, para nós, fundamental. Há que fazê-lo, ao mesmo tempo, levando em conta todas as consequências de nossa condição, com uma história a resgatar e com as limitações próprias de pessoas idosas. Isso significa não se aposentar da vida, dos ideais, dos sonhos; concretamente, representa manter a capacidade de fazer novos projetos. E aqui colocamos a pergunta: como conciliar nossos sonhos com a realidade?

Entendemos que a sociedade mudou: é outro o momento político atual no Brasil e no mundo, e surgem novas formas de movimentos sociais. É importante conscientizarmo-nos de que vivemos uma outra época; muitas das dificuldades que encontramos não são decorrentes apenas de nossa situação específica, mas também das novas exigências que a sociedade impõe. Na realidade, vivemos um paradoxo entre o fato de ter vivido uma juventude muito ativa e participativa e a dificuldade de ter uma atuação, hoje. Isso nos leva – às vezes inconscientemente – a idealizar o passado e a ter dificuldades de aceitar o presente: diante das diferenças do mundo atual, muitos têm uma posição hipercrítica, incapazes de descobrir os novos (e positivos) aspectos que surgem.

O desafio que se coloca não é fácil: embora sintamos necessidade de preservar as experiências vividas na juventude, é importante "fazer o luto" dessa época que passou e viver esta nova realidade. Isso exige de nós um processo de libertação; é como se vivêssemos um "rito de passagem": somos de uma geração que teve uma grande capacidade de intervenção e participação na vida política e que hoje, ao perceber as mudanças da sociedade, precisa repensar, enquanto história, essas experiências e viver novos projetos.

Ao mesmo tempo, há que fazê-lo a partir de nossas condições atuais. E aqui se coloca mais uma dificuldade: porque acumulamos sabedoria, temos um senso crítico mais aguçado: sentimos a necessidade de "ver o avesso" da realidade, reconhecendo que esta é sempre permeada por contradições. Isso pode nos levar a sentir-nos incapacitados a contribuir em coisas nas quais deixamos de acreditar... Entretanto, não perdemos a esperança. Continuamos apostando num projeto maior que continua a seguir em frente, mesmo que não se trate de uma evolução linear nem necessariamente ascendente.

Para acompanhar esse processo, coloca-se, para nós, a necessidade de descobrir – ou criar – condições, meios e espaços para discutir e participar, o que significa identificar frentes nas quais vamos nos engajar e nos comprometer, com as forças que temos e na medida de nossas possibilidades. Já existem espaços nos quais essas questões podem ser discutidas: ONGS, grupos específicos, instituições, onde alguns de nós já se situam. E há a consciência de que, na atual realidade brasileira, muitos e diversificados movimentos de base se desenvolvem. O que mudou foi a maneira de atuar e de fazer política.

Alguns creem que, para nós, as possibilidades de atuar em âmbito maior já se esgotaram. Será isso mesmo ou o que se esgotou foram as formas "tradicionais" de atuação? Talvez este seja o momento de se pensar em estratégias diferentes: certamente não estaremos mais participando de passeatas ou de manifestações públicas; mas podemos continuar escrevendo, publicando, discutindo. Um novo e promissor espaço se abre com as atuais possibilidades de comunicação.

E certamente podemos atuar em esfera menos abrangente, embora de forma efetiva: há que usar a imaginação. É importante estarmos juntos e manter-nos informados: há coisas acontecendo ao nosso lado, assim como no Brasil e no mundo... É importante abrir canais.

À medida que o contato com o mundo social e político vai estreitando-se – ou assume novas formas –, nem sempre conseguimos manter "a velha chama": estamos nos acomodando porque envelhecemos ou porque estamos mesmo desiludidos?

Será a velhice necessariamente conservadora?

Frequentemente identifica-se velhice com posições ideologicamente conservadoras. Aliás, é um lugar-comum afirmar que *o jovem incendiário se transforma, com a idade, em bombeiro*. Até que ponto essa associação simplista não esconde um preconceito latente? Ou haveria realmente, entre idosos, uma tendência à acomodação e à aceitação do *status quo*? O exemplo de alguns octogenários, como Mário Pedrosa, de nonagenários, como Maria Amélia Buarque de Holanda, ou mesmo dos que cumpriram o centenário, como Oscar Niemeyer, nos vêm imediatamente à cabeça para contradizer a afirmação acima.

O que me parece certo é que não se pode estabelecer uma relação causal levando em conta apenas essas duas variáveis. Na medida em que a velhice é vista não como um elemento estático, em abstrato, mas sim como um processo que se dá dentro de um contexto histórico, as posições político-ideológicas dos idosos vão depender muito mais das formas concretas em que esse processo se dá do que de uma mera cronologia mecanicamente determinante.

Entretanto, talvez se possa afirmar que o grande risco, ao envelhecer, não é tanto o de assumir uma posição necessariamente conservadora, mas simplesmente o de ir se desligando da realidade concreta, o de ir se alheando de um contexto no qual as iniciativas e os projetos pessoais podem começar a se diluir, na previsão de um tempo ainda disponível por um lapso indeterminado, mas que é certamente finito. Tomar consciência da finitude – e da sua finitude concreta, individual – pode levar a pessoa a certo despojamento, que certamente tem um lado de sabedoria, na busca do essencial. Mas, levada ao extremo, essa tendência pode chegar a um total relativismo ou ao ceticismo, que pode terminar, talvez, por confirmar as posições conservadoras.

Esse risco está presente, em maior ou menor grau, entre as pessoas idosas, e a única forma de evitá-lo me parece ser uma tomada de consciência lúcida e corajosa, que possibilite fazer as opções necessárias e construir espaços – sem negar as dificuldades reais nem as limitações crescentes – para manter uma posição ativa e participante no mundo.

Outro risco é deixar-se dominar pela sensação de "já ter vivido o bastante" ou por certo cansaço de viver.

> Ninguém me ama, ninguém me quer
> Cansaço da vida, cansaço de mim
> Velhice chegando e eu chegando ao fim
> (Antônio Maria)

Implicitamente, a canção já indica o antídoto: manter e alimentar relações afetivas, abrir-se ao outro, aos outros. Está estatisticamente demonstrado que os idosos que vivem sós morrem mais cedo...

Junto com isso coloca-se também a importância de viver intensamente o presente – único momento que podemos realmente vivenciar, sobretudo quando o futuro é imprevisível – até o momento de "dar o salto" definitivo: não há que se apagar antes. E isso supõe continuar a formular e ir realizando projetos, mesmo que limitados, à nossa medida. Não sabemos se teremos tempo e condições para finalizá--los; mas, enquanto temos possibilidades, tentamos vivenciar todas as dimensões da vida. *Enquanto estou viva, vivo!,* afirma Marialzira Perestrello, do alto de seus 93 anos.[9] E talvez isso nos ajude a resistir às tentações do desânimo, do cansaço da vida, do ceticismo.

Sexualidade

Nessa faixa etária, não é fácil abordar o tema da sexualidade, ainda cercado de preconceitos e tabus. Alguns o consideram uma questão de foro íntimo, restrita ao âmbito do privado, da qual não há que falar em público. Ainda predomina, em nossa sociedade, a ideia estereotipada de que sexualidade está associada à juventude; os idosos não têm – ou não deveriam ter! – uma vida sexual ativa.

Parece-nos importante, inicialmente, estabelecer a diferença entre sexualidade e genitalidade. A sexualidade é mais ampla: não se reduz à dimensão genital, mas se inscreve no âmbito da libido – força de vida – que se expressa das mais diversas formas: no amor, na amizade, no olhar sobre a natureza. É parte essencial da condição humana: pode ser reprimida ou controlada – pela cultura, pela ética, pelos valores –, mas não pode ser negada.

Nesse sentido, a hipervalorização do sexo, veiculada pela mídia, é limitante e distorcida, porque ignora essa dimensão mais ampla da libido e do afeto. A vivência da sexualidade, nessa etapa da vida, pode assumir formas diferenciadas, em função não só do estado

---

[9] Ver seu depoimento, *Da criatividade no envelhecer*, nesta mesma coletânea.

civil – casados ou viúvos, separados, solteiros –, mas também da situação existencial em que cada um se encontra.

Nesse período etário, construímos parâmetros seletivos em todos os níveis: é algo que faz parte do amadurecimento. A própria sexualidade passa a ser mais refinada e se manifesta de diversas maneiras, por meio de novas formas afetivas e amorosas, as quais são avaliadas de acordo com as diferentes experiências de vida: dessas memórias acumuladas tiramos critérios que nos fazem aceitar ou não novas soluções. Nessa vivência da sexualidade, há que se ressaltar, mais uma vez, a singularidade de cada ser, a maneira como cada um a vive, o modo como se relaciona com os outros:

> Cada um de nós compõe a sua história
> Cada ser em si
> Carrega o dom de ser capaz
> E ser feliz
> (Almir Sater)

Assim, muitos optam por viver sozinhos, preferindo essa alternativa a partilhar a vida com alguém com quem não se tem uma verdadeira afinidade, seguindo a sabedoria popular: *antes só do que mal acompanhado.*

Por sua vez, os casais nessa faixa de idade podem encontrar formas diferenciadas de satisfação, por meio de gestos afetivos e de carícias, que não implicam necessariamente o ato sexual. "Quando se fica velho, não dá mais para fazer as 99 posições...", dizia um dos membros do grupo. Mas há sempre a possibilidade de (re)aprender formas conhecidas de expressão sexual – abraço e beijo é sempre muito bom! – e de inventar novas formas.

Hoje, com os padrões culturais mais abertos, há soluções diferenciadas e alternativas para se viver o sexo: a possibilidade de ter parceiros mais jovens, o surgimento de cursos para aprendizagem de novas técnicas, o uso de apoios mecânicos ou químicos (do vibrador ao Viagra). Cada um pode escolher o que lhe é mais adequado, o que lhe dá prazer ou traz felicidade.

A compreensão da bissexualidade humana abre novas perspectivas: o ser humano no início é psicologicamente bissexual – hoje admite-se que a iniciação sexual pode se dar tanto com um homem como com uma mulher –, e homens ou mulheres podem também viver a bi ou a homossexualidade como uma opção possível nas relações. Essa é uma abertura cultural muito grande que só agora estamos compreendendo e aceitando e que amplia possibilidades de viver a sexualidade.

Por outro lado, nessa etapa, há uma quietude e uma calma maior. Sem negar as perdas e as faltas – que, aliás, existem em qualquer idade – e a necessidade de administrá-las, descobrimos também a realidade de um tempo mais sereno e menos exigente, talvez, nesse campo. Especialmente os que tiveram uma experiência sexual rica e satisfatória no passado hoje se sentem tranquilos: essa experiência "é um abastecimento que me deixa reconhecida como mulher para o resto da vida", comentava uma companheira.

Solidão

A condição humana é marcada por dois momentos de experiência solitária: o nascimento e a morte. Nesse fio entre os dois extremos, oscilamos sempre na relação entre o só e o conjunto, o individual e o coletivo. Estamos condicionados por esse movimento contínuo de sístole e diástole. "A vida é assim: esquenta e esfria, aperta e daí afrouxa, sossega e depois desinquieta", já nos ensinava Guimarães Rosa. Precisamos encarar essas oscilações como próprias da natureza humana.

Na realidade, nos níveis mais profundos, toda a vida é experienciada de forma solitária. A condição humana supõe um nível de intimidade da pessoa consigo mesma que é, em última análise, impenetrável e incomunicável. Como bem aponta D. Pedro Casaldáliga (1986, p. 21): "vivir es en honda gran medida caminar solo". Mas talvez seja nessa etapa final da vida que os riscos de ter que conviver com a solidão – nem sempre voluntária – se intensificam mais. "Envelhecer é a mais solitária das navegações" (Groult, 2006, p. 15).

São vários os fatores que incidem em situações marcadas por um grau maior ou menor de solidão: as mudanças que se dão na esfera profissional, seja através da aposentadoria e/ou de uma diminuição das atividades; as modificações da estrutura familiar, ao ser afetada pela síndrome do "ninho vazio" ou por outras ausências; as limitações das possibilidades de locomoção, condicionadas por múltiplos fatores externos, sem falar nas diretamente impostas por estados patológicos. A tudo isso podem somar-se as condições de vida nas grandes cidades, onde a intensidade do ritmo de vida e as agendas superlotadas das pessoas, somadas a um individualismo crescente, facilmente deixam os mais idosos isolados.

Não se pode esquecer, entretanto, que, nesse campo, a modernidade traz também benefícios importantes: a revolução na comunicação, com todos os meios à disposição – particularmente a informática –, abre novos caminhos, permitindo que os idosos se mantenham *conectados*.

Na realidade, a solidão em si não é um problema, a questão é como conviver bem com ela. Para tanto, é fundamental descobrir que sua essência não é necessariamente negativa. Há que distinguir suas duas dimensões: uma é a da solidão imposta, que implica sofrimento e abandono; outra é a da solidão escolhida, rica e enriquecedora, que abre espaço para o encontro consigo mesmo. Nesse caso, a solidão é fascinante: aponta para a necessidade de se recolher, refletir sobre a própria vida e encontrar forças para se reconstruir e superar as dificuldades, consideradas como oportunidades para crescer. Há que caminhar dentro de si para poder sair e encontrar o outro. Só assim a pessoa consegue realmente se dar, compartilhar. Nesse sentido, é importante *construir a solidão*, como um momento de crescimento. Ao mesmo tempo, há que respeitar a solidão do outro: é na medida em que somos sensibilizados por ela que aprendemos a viver nossa própria solidão.

As pessoas que passaram sua infância e juventude em famílias grandes – verdadeiros clãs, tão importantes no interior do país – sabem o que significa a experiência de nunca estar sozinhas, embora frequentemente essa experiência fosse limitada por uma estrutura familiar fechada. Nas metrópoles atuais, o comportamento pessoal costuma ser marcado pela iniciativa individual. Nessas situações diferenciadas, há que se descobrir formas de relacionamento – internas e externas à família –, mas também de aceitação dos momentos de solidão, resgatando uma "solitude" enriquecedora e fecunda.

A reconciliação com o passado e o resgate da memória

A velhice representa experiências que, de certa forma, se sobrepõem. Groult (2006, p. 30) tem uma intuição certeira quando afirma:

> Os velhos acumulam todas as idades de sua vida. Todas as pessoas que eles foram coabitam, sem contar as que teriam podido ser e que se obstinam a vir envenenar o presente, com suas queixas ou sua amargura. Os velhos não têm apenas 70 anos, eles ainda têm seus 10 anos e também seus 20 anos e depois 30 e depois 50 e como brinde os 80 outros que eles já veem desabrochar.

Avaliar a atuação de todos esses personagens, entretanto, e de tudo o que realizaram – ou não – pode levar a certa angústia ao perceber as falhas e os erros, hoje já impossíveis de remediar. Tomar consciência desse torvelinho que carregamos dentro de nós pode ser um passo fundamental para reconciliar-nos com o passado e fazer as pazes, finalmente, com nossa própria história. É importante reconhecer suas riquezas, mas também suas inevitáveis limitações, admitindo que o contexto histórico em que nascemos e vivemos nossa infância e nossa juventude nos ofereceu um determinado espaço e uma "consciência possível" – para usar o conceito de Lucien Goldmann – que estabelece seus próprios paradigmas e demarca fronteiras.

Aliás, é ter vivido nesse espaço preciso, cronologicamente definido, que dá um sabor tão especial e único à convivência entre as pessoas da mesma geração. E é a partir desse lugar que podemos transmitir a riqueza da nossa experiência às novas gerações.

Na realidade, a transmissão da memória tem uma dimensão mais ampla, que não se limita apenas ao âmbito interpessoal: constitui uma tarefa social que cabe à geração mais velha, justamente por situar-se na intersecção entre o passado e o presente. "A função social do velho é lembrar e aconselhar, unir o começo e o fim, ligando o que foi e o porvir", afirma Marilena Chauí ao introduzir o clássico livro de Ecléa Bosi: *Memória e Sociedade:* lembranças de velhos. Neste último, sua autora trabalha justamente a relação entre memória e velhice, detectando, na tarefa de lembrar, "uma espécie singular de obrigação social" (BOSI, 2009, p. 63). Ao desvelar as origens, os mais velhos estabelecem uma ponte indispensável entre o passado e o presente, em função de um futuro que se constrói sobre essa base.[10] Essa perspectiva aberta é fundamental para escapar da tendência de ficar aprisionado ao passado e idealizar as próprias realizações. Esse pode ser um risco mortal, na medida em que isola os idosos em uma ilha, sem conexões com a realidade atual, e sem nenhuma possibilidade de serem ouvidos e/ou darem sua contribuição. Para que possa existir uma comunicação

---

[10] Esse é também o enfoque que orienta a revista belga *Age et Transmissions*, ao considerar os mais velhos como *passeurs de mémoire*. Ver *Age et Transmissions* A.S.B.L., Bruxelles, 2007.

rica e proveitosa, a condição básica é que os mais velhos não tentem absolutizar a riqueza de sua experiência e nem mesmo valorizá-la além de suas potencialidades próprias.

Aliás, a velocidade das transformações sociais e culturais se encarrega de impedir qualquer veleidade de propor – e menos ainda de impor – modelos.

Pelo contrário, o que se necessita é uma enorme dose de humildade para reconhecer que nossa contribuição pode ser mínima, ou até mesmo nula, em alguns aspectos. Isso não significa negar a possibilidade do diálogo com as gerações mais jovens, mas simplesmente reconhecer que, para que se efetive, novas condições se colocam hoje, como se viu anteriormente. É fundamental saber distinguir o que realmente ainda tem um "prazo de validade", ou o que ainda é positivo e enriquecedor em nossa contribuição e o que já está definitivamente superado. Ao mesmo tempo, é indispensável certa abertura para as novidades que o mundo atual – marcado por um ritmo efervescente de mudanças – nos oferece. Nesse sentido, por exemplo, entrar no campo dos novos meios de comunicação e mais particularmente, no mundo da informática, coloca-se como uma exigência quase ineludível para compreender o mundo atual. Essa iniciativa representa um esforço razoavelmente considerável para os septuagenários de hoje; mas, superado o primeiro obstáculo, abre-se toda uma gama de possibilidades, que seriam impensáveis de outra forma e que, justamente para essa faixa etária, podem ser particularmente fecundas. É evidente que não podemos pretender jamais ter a agilidade de nossos netos, que já inauguram a vida dentro desse mundo, dominando seus códigos com uma facilidade para nós impensável. Mas, à medida que um número crescente de sex/septuagenários vai adequando-se a essas exigências, novos espaços se abrem.

Talvez aqui seja indispensável certa lucidez para estabelecer prioridades, distinguindo claramente o tipo de mudanças que não se pode deixar de acompanhar e todas as outras das quais há que abrir mão. Afinal, ninguém com mais de 70 anos é obrigado a entender de tudo...

A morte

Embora a velhice, como processo degenerativo natural, não se confunda com a enfermidade – que tem uma dimensão claramente patológica – há, nessa etapa, uma probabilidade maior de adoecer e, sem nenhuma dúvida, a certeza da finitude. "La muerte es una costumbre que sabe tener la gente", afirma Jorge Luis Borges.

Nossa sociedade tende a silenciar essas questões envoltas por tabus e preconceitos; entretanto, estão presentes não só em nossa experiência pessoal, mas também entre os que nos cercam: há que ter a coragem de abordá-las. A proximidade da morte nos coloca a grande pergunta: a morte é o fim da vida? O que vem depois: nada ou renascimento? Outra vida ou mais nenhuma vida? Impossível a certeza. Diante do mistério, cabe a cada um escolher seu caminho (COMTE-SPONVILLE, 2002, p. 51).

A morte existe em nossas vidas como uma sombra, colocando em pauta questões como a perda dos que amamos e o fim dos nossos projetos e de nossa existência terrena. O medo maior, talvez, não esteja tanto na morte em si, mas no desconhecido de suas circunstâncias, no não saber quando e como acontecerá. Ao mesmo tempo, sentimos que já estamos vivenciando essa realidade a todo instante, por meio da morte do outro – e a dor da separação –, mas também pela morte dos sonhos, dos ideais, dos projetos.

Morrer sem sofrer parece ser um ideal: felizes os que têm uma passagem rápida e tranquila. Já a perspectiva de um (longo) período de enfermidade e das consequentes limitações surge como uma ameaça. A forma de enfrentar esse enorme desafio está não tanto em pensar a morte em si, mas em repensar a vida, tentando vivê-la melhor e mais plenamente a partir do reconhecimento e da aceitação de sua finitude. Nessa linha, percebemos que há que se aproveitar o potencial de que dispomos, descobrindo também os ganhos dessa etapa de vida. A forma como vivemos a vida determina como vivemos a finitude. Só quando integramos – e aceitamos – a morte, podemos viver plenamente a vida.

Por outro lado, acentuar os aspectos negativos da velhice leva ao debate – hoje muito atual – sobre a eutanásia. O desejo de ter uma "morte digna" – perfeitamente justo e normal – pode suscitar questões sobre a liberdade de colocar um término à própria vida, quando esta perde características consideradas fundamentais. Na realidade, os progressos tecnológicos atuais permitem ampliar a extensão da vida, mas nem sempre garantem sua qualidade. E quando essa "sobrevida" se reduz a uma vida vegetativa, que só pode ser mantida de forma artificial, parece-nos que a liberdade de escolha pode exercer-se plenamente.

Já a alternativa de atuar diretamente para colocar um término à vida – que ainda se mantém de forma natural – abre espaços à controvérsia. Groult, em sua novela, se posiciona claramente a favor da possibilidade de decidir voluntária e livremente o momento da partida definitiva. Ao assumir essa opção, a personagem do romance, percebendo-se em uma situação na qual as limitações se acentuam, justifica-se: "é por amor à vida que eu desejaria deixá-la a tempo, não sem uma pena terrível".[11] Dentro de sua lógica, essa opção é – se não justificável – pelo menos compreensível.

Entretanto, essa posição é muito mais difícil – quando não diretamente inaceitável – para os que têm uma visão ética de respeito e reverência pelo mistério da vida. E com mais razão para os que vivenciam uma fé religiosa: ao considerar a vida como um dom gratuito do Criador e como um tempo de crescimento e de preparação para uma nova – e misteriosa – etapa futura, reconhecem que só Ele tem o direito de determinar o momento da passagem. Aqui se coloca um espaço de liberdade e respeito pelas diversas opções pessoais.

O sentido da vida

A busca por compreender a vida – quem somos, de onde viemos, para onde vamos – e por descobrir seu sentido é algo essencial, que se coloca para qualquer ser humano ao longo de toda a sua existência; na etapa final, entretanto, esses questionamentos podem intensificar-se, diante da consciência cada vez mais clara da própria finitude. É então que se coloca a dimensão da espiritualidade, desenhando um marco para o processo do envelhecer.

---

[11] B. Groult participa da associação *Pelo direito de morrer com dignidade*, que propugna tal opção.

É importante distinguir, desde o início, espiritualidade e religião; a primeira não implica necessariamente uma adesão explícita a qualquer denominação religiosa: essa é uma opção que cada um é livre para fazer ou não. Já a espiritualidade tem um sentido mais amplo: pode ser entendida como *vida aberta ao Espírito* ou como *consciência de estar na presença do Mistério*.[12] É algo que se vive no cotidiano, na busca de construir a própria identidade, de descobrir-se como ser humano, representando a tentativa de dar uma resposta à busca pelo sentido da vida. Nesse sentido é um caminho aberto a todos, independentemente de terem ou não uma opção religiosa. Mas a maneira como se concretiza implica também uma escolha pessoal – e nem sempre fácil –, porque envolve o ser como um todo e a forma como se situa no mundo, nas relações consigo mesmo e com os outros.

Os caminhos vão se delineando no interior de cada um, orientados – ou não – pela dimensão da transcendência. Para os que a aceitam, a ideia de Deus é o caminho e o que dá sentido à vida; para outros, esta pode ser uma sublimação. Aqui entramos no espaço da fé, que supõe a opção livre. De uma forma ou de outra, entretanto, desenvolver a dimensão da espiritualidade, aberta a todos, é um aspecto que ajuda a fazer a travessia da vida, particularmente nessa (pen)última etapa, no limiar do salto definitivo.

---

[12] Cf. exposição feita por Luis Dietrich no Encontro da Rede Oikosnet, em Lima, Peru, em outubro de 2009.

Algumas pistas a desenvolver

A partir de uma perspectiva dialética de encarar a velhice, que não nega as perdas, mas que ao mesmo tempo reconhece e potencializa os ganhos, conseguimos identificar algumas pistas (provisórias) que nos ajudam a enfrentar os desafios dessa etapa.

Considerando o idoso como responsável por si mesmo e por sua história, ressaltamos a importância de aprofundar o compromisso com a própria pessoa, enfatizando a dimensão do cuidado – crescentemente necessário – tanto com o corpo como com a mente.

Mais além do nível puramente individual, considerar o idoso como sujeito de direitos – e deveres! – enquanto membro de sua faixa etária implica também o fato de que este deve tomar consciência de seus direitos e lutar, de todas as formas possíveis, para que eles sejam reconhecidos e efetivados.

Assumir-nos como idosos significa tanto reconhecer e aceitar as limitações próprias dessa etapa, como batalhar em cada momento para conquistar a autonomia, a partir de condições mutáveis, em que há que se distinguir, com lucidez, todos os espaços que se abrem a seu exercício. Mas significa também, quando as situações de dependência se impõem, saber aceitar, com simplicidade, a ajuda necessária.

Sentimos a necessidade de não nos isolar: há que se multiplicar as ocasiões de encontro, abrir-se ao outro, atento a suas solicitações e necessidades, e aprofundar solidariedades. Ao mesmo tempo, há que se cultivar o desapego e saber mergulhar no silêncio e na "solitude", desvelando sua riqueza fecunda.

Descobrimos a possibilidade da criatividade para (re)inventar novas formas de viver a sexualidade, aproveitando todos os recursos que estão ao nosso dispor, com a liberdade de poder fazer as opções mais adequadas à situação de cada um e, ao mesmo tempo, com a possibilidade de gozar de maior serenidade nesse campo.

Diante dos riscos do alheamento, da acomodação, do cansaço da vida, há que se insistir na importância de manter uma presença ativa no mundo. Nesse sentido, enfatizamos a necessidade de continuar produtivos, identificando antigos – ou novos – espaços de atuação, dentro das possibilidades de cada um, respeitando diversidades e ritmos próprios. E fazê-lo de uma forma mais *light* de viver, transcendendo a mera lógica da produção para entrar no mundo da gratuidade.

Descobrimos também que não precisamos abrir mão da história de "nosso tempo": pelo contrário, temos um compromisso com o passado que vivemos, do qual podemos – e devemos – dar testemunho, na perspectiva de um processo que descobre e afirma suas raízes, em função da construção do futuro. Isso significa também manter um contato instigante e desafiador com as gerações mais jovens, sem nenhuma pretensão de impor modelos ou receitas, mas simplesmente de tornar conhecida nossa experiência e de transmitir os valores fundamentais que a inspiraram.

A consciência da morte, como uma realidade inelutável e que se torna cada vez mais próxima, nos leva a viver intensamente o momento presente e a realizar projetos, ainda que limitados, na aceitação de sua finitude.

Finalmente, ressaltamos a importância da dimensão da espiritualidade – independentemente de assumir ou não uma filiação religiosa –, que nos ajuda a buscar o sentido da vida, conscientes de que estamos mergulhados no mistério.

E nessa reflexão foi fortalecendo-se a ideia de que o processo do envelhecer não nos interessa tanto como um tema em si mesmo, mas simplesmente como um contexto que nos envolve e nos condiciona nessa etapa da vida e cujas limitações e potencialidades precisamos conhecer, para que possamos tirar partido delas, em função de uma causa maior. O mundo mudou – e continua mudando – muito rápida e radicalmente. Nem sempre conseguimos nos ressituar e readequar nossos valores ao contexto atual, mas a consciência da mudança abre pistas para ir pensando como transmitir nossa experiência e confrontá-la com as exigências atuais. Não temos modelos – e nesse sentido esta geração é pioneira –, mas podemos estar atentos às sementes que já estão brotando e que vão desenhando – nas palavras de meu sociólogo predileto[13] – "a utopia surgindo no meio de nós".

---

[13] Ver, de Luiz Alberto Gómez de Souza, *A utopia surgindo no meio de nós.*

Referências Bibliográficas

BEAUVOIR, Simone de. *A velhice:* a realidade incômoda. São Paulo: Difusão Europeia do Livro, 1970.

BOSI, Ecléa. *Memória e Sociedade:* lembranças de velhos. 15 ed. São Paulo: Companhia das Letras, 2009.

CASALDÁLIGA, Pedro. *El tiempo y la espera.* Santander: Ed. Sal Tierra, 1986.

COMTE-SPONVILLE, André. *Apresentação da Filosofia.* São Paulo: Martins Fontes, 2002.

FIBGE – PNAD/2003 e PNAD/2007.

GOLDEMBERG, Miriam. *Coroas:* corpo, envelhecimento, casamento e infidelidade. Rio de Janeiro: Record, 2008.

GROULT, Benoîte. *La touche étoile.* Paris: Grasset, 2006.

LUFT, Lya. *Perdas e Ganhos.* Rio de Janeiro: Record, 2005.

SOUZA, Luiz Alberto Gómez de. *A utopia surgindo no meio de nós.* Rio de Janeiro: Mauad, 2003.

BASES BIOLÓGICAS DO ENVELHECER: UMA CONVERSA QUE QUER SE EXPANDIR

Maria José Sousa dos Santos[1]

São muitas as questões que passam pelo tema do envelhecer. Sobretudo tenhamos, desde o início, a clareza de que este é um tema aberto, sujeito a muitos estudos pouco conclusivos. Conversarei sobre algumas ideias que fui forjando a respeito, a partir da leitura e da experiência profissionais, sem me ater à indicação de fontes. Nessa área atual de muita investigação ainda há muito por ser compreendido. Sobretudo, porque se trata do estudo de um processo da pessoa humana, desse ser vivo considerado o mais evoluído na escala biológica, em todo o mundo vivo.

É nesse sentido que, a respeito das *bases biológicas do envelhecer*, minha primeira afirmação contém uma pergunta: o que são efetivamente "bases biológicas"?

---

[1] Maria José Sousa dos Santos tem 70 anos, é médica, atualmente dedicada a trabalhos de Educação para a Saúde, depois de mais de 20 anos de atividade clínica voltada à prevenção e à perspectiva de construção de saúde. Trabalhou anteriormente com educação de adultos em meios populares no norte do país.

1. Algumas convicções preliminares

1. Porque não consigo pensar as questões relacionadas ao corpo separadamente, não consigo ver uma biologia animal isolada no corpo humano. Isso parece, à primeira vista, um lugar comum, mas ao tentar analisar biologicamente o corpo humano já temos de nos apropriar de *outra categoria*, a de uma *biologia humana*. O que ainda está longe de estar desenvolvido convenientemente. Mas creio que essa convicção precisa perpassar toda a discussão. Não há como falar da molécula, da célula, dos nossos sistemas orgânicos funcionando cada um a sua maneira, abstraindo o fato de ser uma molécula humana, a *célula de um corpo humano, um sistema orgânico humano.*

É necessário ter presente que cada uma de nossas células é célula de um corpo humano; nossa evolução levou este ser humano a dimensões que ultrapassam a dimensão animal, ainda que a integrando. O corpo humano tem sua dimensão humana com todos os componentes psíquicos, mentais, emocionais, afetivos. Sejam quais forem os nomes que quisermos dar a esse universo, *a dimensão do humano está presente em cada uma de nossas células.*

É claro que a questão do envelhecimento passa por categorias da bioquímica, da biofísica, da biologia, no entanto *não mais isoladas do mundo psíquico que nos caracteriza.* Algumas questões do universo físico-químico-biológico se aproximam mais especialmente de certo limiar entre o mundo físico e o psíquico, que, no entanto, não podemos separar. Nesse limiar estão, por exemplo, os hormônios, os neurotransmissores, o sistema imunológico. Mas todo o universo fisiológico é um universo humano.

Em minha maneira de viver a medicina e lidar com as pessoas, não há possibilidade de compreender o corpo humano de outra forma, sem essa dimensão nova, inteiramente outra, que o animal mamífero humano apresenta. *Não há qualquer acontecimento físico, químico ou biológico no corpo humano que não esteja prenhe de afeto e psiquismo.* A primeira e principal especificidade da biologia humana é ser uma biologia de nova ordem, com a especificidade do humano, da presença de um psiquismo desenvolvido como é o nosso, *da subjetividade de cada um impregnando cada reação celular.*

Essa é uma primeira convicção, e proponho que este texto seja lido dentro dessa perspectiva. Lembrando, ao dizer isso, que nossas células são inteligentes. *Todas as nossas células fazem escolhas. Todas as nossas células vivem nossas emoções.*

Isso é muito importante para pensar a saúde.

Não sei quantas maneiras há de definir "emoção". Mas se pensarmos que a emoção é um movimento que põe para fora o que é vivido internamente, essa emoção se manifesta por meio de uma expressão que já é física, já é também uma reação orgânica. Ou seja, *a emoção, por si mesma, já é uma realidade psíquica e orgânica.* Então, a emoção, que vem do universo psíquico, é uma realidade que envolve imediatamente o mundo orgânico. A emoção sem o orgânico não existe.

Quando examinamos isso na biologia e na anatomofisiologia do corpo humano, vemos que é nosso sistema nervoso, e, mais particularmente, o sistema nervoso autônomo, o responsável por toda nossa vida orgânica, visceral, também chamada de vegetativa, o mais intimamente ligado às emoções.

As emoções se expressam organicamente por meio de reações comandadas pelo sistema nervoso autônomo (SNA). Quando estamos emocionados e o coração "bate mais forte" – sentimos os batimentos do coração ou o coração se acelera –, é o SNA que veiculou essa manifestação. Quando ouvimos ou dizemos: "essa é uma reação do sistema simpático ou do sistema vegetativo", é disso que se trata.

O nosso pensar passa pelas emoções, como nossa digestão ou o batimento de nosso coração passa pelas emoções. Não há como separar as emoções do funcionamento de nossos múltiplos sistemas orgânicos; da mesma forma, esses diferentes sistemas orgânicos não se livram das emoções. Falar em emoção é falar nesse poço imenso que está em nosso mundo interno, "intestino", físico e psíquico.

Para mim, essa é uma primeira convicção muito forte que percorrerá toda a nossa abordagem.

2. Uma segunda e forte convicção resume-se numa frase: *o velho começa no novo.*

A maneira como cada um de nós hoje se configura vem se construindo ao longo do tempo. Se estamos em nossa sétima ou oitava década de vida, essa fase não se construiu apenas a partir do 60º ou 70º ano, momento em que começamos a nos considerar em "idade avançada". A construção de nossos 70, 80, 90 anos, seja lá quantos venhamos a ter, começou já na nossa gestação. Então, "o velho começa no novo". *O envelhecer está contido no viver. É ao longo do viver que construímos o envelhecer.* E digo "construímos o envelhecer" propositadamente. Mesmo com a constatação de que o envelhecer traz certas decadências, certas desconstruções, é ao longo da vida inteira que construímos o modo como vamos envelhecer. E as desconstruções também aqui podem ser encaradas como elementos de construção; temos sempre uma capacidade regenerativa, nosso organismo tende ao equilíbrio. Essa constatação não nega o envelhecer com seu aspecto declinante que varia, no entanto, com as condições do viver de cada um.

Não adianta dizermos: "a partir de certa idade já não posso fazer certas coisas" ou "não é bom que eu faça certas coisas". Há muitas coisas, quase tudo, com as quais é preciso ter cuidado desde a mais tenra infância. E os estímulos construtivos que vamos recebendo desde crianças, ao longo de toda a vida, não precisam de interrupção. Em relação aos cuidados com a saúde, não se trata de termos cuidado só depois de alcançarmos alguma idade. Por exemplo, a gordura que nos interessa ingerir a menos ou a mais, com menor ou maior qualidade, não vale só para depois dos 40 ou 50 anos. É desde a infância que esse cuidado se estabelece e fica por toda a vida.

É claro que podemos começar ou recomeçar esse zelo, essa atenção com a saúde, a partir de qualquer momento, quando nos damos conta de que estamos falhando na atitude construtiva com nós mesmos ou quando algum desequilíbrio, alguma disfunção ou lesão (doença) nos indica a necessidade de retomarmos com mais ênfase as questões de saúde. Os estímulos equilibrantes e revitalizantes têm boa resposta em qualquer fase, mesmo as mais avançadas, desde que adaptados a cada situação concreta e respeitado o caráter progressivo de qualquer processo dessa ordem.

A atividade física e o movimento que todos nós precisamos fazer não deve ser incorporado apenas quando nossas articulações já precisam de conserto. O movimento começa ao nascer. *Vida é movimento.* Só que há um período em que esse movimento acontece mais espontaneamente. É preciso estar atentos e não esquecer que a evolução da sociedade, a evolução da ciência e da tecnologia tem um forte apelo para ficarmos cada vez mais parados. Na vida atual, quantos dizem que é melhor ver um DVD em casa do que ir ao cinema? Nós nos sentamos na poltrona e de lá comandamos a TV pelo controle remoto, já não nos levantamos para ligar e desligar o botão. E não somente os mais idosos fazem isso, os jovens e as crianças também preferem assim. Existe um lado na cultura de nossa sociedade que convida a pouca mobilidade, desde a infância e juventude até a velhice. Estamos convivendo com crianças e jovens que se queixam frequentemente de cansaço. A meu ver, essa é uma questão muito mais cultural do que definida por nossas possibilidades e impossibilidades orgânicas.

Os estímulos de saúde e vitalidade não deveriam ser deixados para o momento em que começamos a sentir deficiências. Os bons estímulos são construtivos desde o começo da vida e valem muito quando retomados ou reforçados a qualquer idade. O importante é não tomarmos o corpo como um fardo. Os cuidados com o corpo não são "obrigações" para não envelhecermos mal ou para não adoecer. Nossa vida está no corpo; cuidar de nós mesmos é, muito especialmente, cuidar do corpo, é cultivar a vida orgânica humana com o maior carinho, pois, sem ela, tudo mais fica sem possibilidade de expressão, a vida fica sem qualidade ou simplesmente não existe.

3. Passemos a outra questão facilmente confundida e cuja distinção é, para mim, outra convicção forte: *existe uma*

diferença nítida entre envelhecer e adoecer. O envelhecimento é um processo, e o adoecimento é outro processo.

Em nossa cultura, essas duas categorias, esses dois processos são confundidos, embora sejam distintos. Pode existir um envelhecer saudável, e nós conhecemos, felizmente, muitos casos. Já temos dados de realidade suficientes para afirmar que um envelhecer saudável é possível. As doenças também vão aparecendo? Sim, dependendo da estrutura e das vivências de cada um, ao longo da vida elas podem se manifestar e, à medida que o tempo passa, o acúmulo de tantas situações desequilibrantes e agressivas vai ensejando novas manifestações, um possível acúmulo de disfunções e de lesões.

Ao longo da vida, nós podemos nos dar muitos *estímulos*. Eu penso que a saúde depende dos bons estímulos que vamos nos proporcionando a cada passo, com a ajuda de outros, felizmente, em boa parte dos casos. E o envelhecer saudável, menos limitante, com uma possibilidade de presença ativa no mundo que se prolonga prazerosamente, parece depender dos estímulos que vamos renovando ao longo da vida. Os limites vão aparecendo talvez mais tardiamente ou se impõem com menos força; as degenerações vão surgindo, sem necessariamente se constituir como doenças.

Sem desconsiderar certas predisposições genéticas, o adoecer depende muito das *agressões*, de toda sorte, que vamos sofrendo. Muitas agressões nos são impostas de fora, em várias dimensões (e a esse respeito teríamos um longo capítulo sobre condições socioeconômicas, entre outras); muitas delas têm a ver com a maneira como lidamos com nós mesmos. E, consciente ou inconscientemente, nós mesmos podemos nos fazer agressões. Estímulos demasiados também podem se transformar em agressões. Ou seja, a partir de nós e a partir de outros, a partir do mundo físico-químico ou das relações humanas e sociais, somos agredidos, por vezes duramente, durante a vida. É isso que nos faz adoecer.

No plano mais pessoal, temos dois movimentos internos agressivos, geradores de doença, para os quais precisamos de muita atenção e muito zelo construtivo: o medo e a culpa. Assim como eu costumo destacar como pilastras da saúde a atividade física bem equilibrada, a alimentação bem escolhida e as relações afetivas bem vividas, penso que *o medo e a culpa são pilastras da doença*. E, por vezes, somos capazes de nos cobrar tanto que nos tornamos autoagressores.

No plano geral, hoje não podemos mais deixar de lado as amplas informações sobre as muitas formas físico-químicas de agressão ambiental, passando pelo alimentar e por vários hábitos nossos do cotidiano convivendo com poluições de toda sorte. Para a maioria da população, além disso, as condições de infraestrutura, especialmente as de saneamento, as más condições de residência, de trabalho, de higiene, de alimentação, de proteção no trabalho, a própria luta demasiadamente árdua de trabalho para a sobrevivência são fatores fortemente agressivos para a saúde humana.

Então, é preciso distinguir estímulo de agressão. Busquemos os bons estímulos no caminho da construção da vida saudável; cultivemos nossas possibilidades de evitar as agressões que nos adoecem.

4. Mais uma convicção minha, talvez polêmica para os dias de hoje com esse avanço dos estudos de genética humana. Resumo a frase de um estudioso do envelhecimento, cuja fonte infelizmente não consegui resgatar, mas que é valiosa para nossa reflexão: "a maior parte da saúde de uma pessoa depois dos 40 anos, depende do que ela faz com seus genes ao longo da vida, e não dos genes propriamente ditos". Desde o início de nossa vida de relação humana, a maneira como fomos vivendo, o que foi acontecendo conosco ao longo da vida é o mais decisivo. Concordo com os que afirmam que nossa saúde depende mais do componente histórico de nossas vidas do que de nossa constituição genética.

Hoje se dá muita ênfase na determinação genética, motivada naturalmente pelo avanço do estudo da genética humana, e não resta dúvida de que a engenharia genética nos revela estruturas e características que podem ser muito aproveitadas para a compreensão do ser humano, para o desenvolvimento dos estudos de fisiopatologia, para o progresso das terapêuticas. Respeitando-a em seu devido valor, essa realidade, no entanto, é parcial, por mais constitutiva que seja. *A maior parte de nossa construção como seres humanos no mundo, na sociedade, se faz com a nossa história, a partir desses genes que se constituíram em uma individualidade que é a de cada um de nós.*

2. Nossas constatações

O processo de envelhecer é posterior ao amadurecer e prossegue, felizmente, no amadurecimento de muitas novas qualidades, novas disponibilidades. Em cada fase da vida há novos acontecimentos, novas riquezas, apesar de uma lista grande de limitações que qualquer um de nós sabe enumerar quando a idade avança. Somos tentados, com muito mais frequência, a dar ênfase acentuada ou mesmo a ficar presos ao peso das limitações.

Gosto de lembrar que cada fase da vida tem suas limitações. As crianças e jovens também têm limitações. Qual a criança que não deseja ser adulto para escapar das limitações e impossibilidades que lhe são impostas? O que é a adolescência senão uma intensa revolta em relação a um universo que aparece como cercado de limitações de toda sorte? São limitações de naturezas diferentes e, sem dúvida, *a diferença maior está na expectativa de vida pela frente.*

Na reunião de Guapimirim, RJ, em 2005, citada na introdução deste livro e que deu origem a este trabalho, um bom número de amigos conversou sobre as questões do envelhecer e foi muito interessante a constatação dos ganhos inerentes ao avanço da idade. Foi possível trazer à tona uma relação de características de sabedoria de vida que a experiência vivida vai desenvolvendo com o avançar do tempo. Tentarei resumi-las.

A constatação de maior disponibilidade em relação aos outros, sobretudo quando se trata dos mais novos, como os netos, os alunos. Como é bom ter tempo e paciência para a dedicação aos netos! O avanço na idade proporciona um olhar mais relativo e mais tranquilo para o mundo, para a complexidade das relações humanas. Uma atitude nova pode se desenvolver, com mais tolerância, mais sensibilidade para mudanças, buscando-se a criatividade. Há uma chance maior de se levar a vida com mais leveza, o que se apresenta mais difícil para quem ainda está no mercado de trabalho. Uma visão mais nítida de que não há caminhos determinados facilita a aceitação e a busca do pluralismo. Algumas escolhas se modificam, há abertura para novos trabalhos, com mais sabedoria para a descoberta de desafios adequados, o compartilhar desses desafios e o seu enfrentamento, atitude fundamental para que continuemos a nos sentir úteis e participantes.

Há também certo sentido de urgência: o tempo passa, já é menor o tempo que temos pela frente. Torna-se imperioso o desafio da morte e, com o passar dos anos, fica mais fácil ultrapassar o medo. Os recursos místicos podem se multiplicar, há mais espaço para o cultivo da espiritualidade. Ao mesmo tempo, uma valorização muito nítida da qualidade de vida e uma busca nessa direção podem se acentuar. Surge uma disponibilidade maior para cuidar de si mesmo e para os cuidados corporais. É nítida a constatação de que, para faixas sociais menos carentes, estão mais disponíveis, atualmente, maiores recursos médicos e cuidados de saúde diversos.

O enumerar de problemas e limitações também foi longo naquela mesma conversa de Guapimirim. Problemas aparentemente mais ligados ao físico ou biológico, mas com a evidência de que remetem imediatamente para o comportamento, para a vivência cotidiana, com tudo que envolve a complexidade humana.

O refrão mais comum é a queixa de falhas e equívocos de memória, e um enorme medo da doença de Alzheimer. Da mesma forma, o cansaço, a diminuição da energia e da capacidade de trabalho; a diminuição da libido sexual e da própria pulsão de vida; e muitas vezes a perda do senso de humor. Solidão e melancolia que levam a pessoa a se isolar.

A sensibilidade aumenta e vários fatores externos incomodam mais depressa, como os barulhos. Para alguns a tolerância diminui, aparecem as pequenas ou grandes manias. Para outros, certo radicalismo de posições. A aparência do corpo, com a flacidez e as rugas, pesa muito, principalmente para as mulheres, que se acham bem mais atingidas que os homens. Parece nítida a diferença, no geral, entre o envelhecimento de homens e mulheres, estas com dificuldades mais frequentes e aparentes na menopausa. Vão surgindo várias dificuldades metabólicas, as dores aparecem e se multiplicam, vários controles podem ser afetados (com mais frequência, o urinário), e esses problemas orgânicos tendem a uma recuperação mais lenta. São ingredientes que vão alimentando a sensação e a compreensão de que a morte está mais perto.

É claro que essa lista poderia se prolongar enormemente. Sabemos, todos, que há um declínio nas funções orgânicas de um modo geral e, a partir daí, quantas queixas podem surgir. É aqui que vale a pena distinguir o que nos aparece como doença, o que nos aparece como empobrecimento pelo fato de envelhecer. E, principalmente, como se dão esses processos, o que nós podemos fazer no sentido de estimularmos a vitalidade e a saúde. O processo de envelhecimento é sem retorno, ao longo da maior parte da vida, como veremos, dependendo do estilo de vida que tivemos. *Não há limitações taxativas.* Para cada pessoa o processo se realiza diferentemente. *A vivência de cada um é única.*

De toda forma, há um forte condicionamento social sobre o comportamento do idoso, do que lhe é ou não permitido, do que lhe é adequado ou possível, exercendo também um papel limitante tantas vezes exacerbado.

Não há porque "vestir a camisa" de que o envelhecimento significa predominantemente limitação. Como já referi, conhecemos bons e belos testemunhos de um envelhecer prazeroso e saudável. Não estamos propondo uma novidade e sim constatando um fato real e que não é só dos nossos dias. Uma atitude de enfrentar desafios, que já foi referida, é um de nossos melhores estímulos para continuar cultivando a vida orgânica bem pulsante.

É frequente o testemunho de que a consciência da morte está mais presente nos idosos. Como se diz: "Quem de novo não foi, de velho não escapa". Portanto, um desafio é superar o medo da morte.

Na realidade, a morte está presente em cada passo de nossa vida. A vida biológica é um permanente "nascer-e--morrer" de nossas células, de nossas substâncias metabólicas, que se degradam e se refazem a cada passo. Vivemos a morte que vai acontecendo em tantos aspectos nossos, em nossa vida de relações, na vida profissional, cultural e também na vida orgânica. Vivemos a morte de outros que fazem parte de nossa vida. A cada dia, morre alguma coisa de nós, em nós mesmos, desde a morte de nossas células até o que a morte do outro pode significar de perda e/ou morte em nós.

A morte é também um processo, não apenas um fato súbito. Descobrir essa convivência certamente nos ajuda a encará-la com menos estranheza e medo; *a morte como parte do processo da própria vida*. O nosso próprio fim como realidade orgânico-psíquica – sobre o que conhecemos quase nada, aliás – é pessoal, intransferível, inédito, fazendo parte de um longo processo de viver. É possível que aprendamos melhor a conviver com nossa realidade de limites e possibilidades, saboreando o possível de cada momento, se nos for possível essa compreensão da morte convivendo incessantemente com a vida.

E a *longevidade*, cujos índices estão se ampliando?

Teremos nós uma expectativa de vida de 100 anos? Os estudos parecem mostrar que não, mas há dados que se contradizem. Atualmente, a média dos países avançados já está em 85 anos. O que os dados informam de concreto é que as sociedades estudadas – em geral as mais desenvolvidas – estão caminhando em direção à longevidade ampliada, e também – o que me parece muito mais significativo – em direção a uma nova qualidade de vida.

Não resta dúvida de que há uma qualidade genética presente nos longevos, embora a identificação dessas características ainda não esteja em fase conclusiva.

O que a observação tem mostrado, por exemplo, no estudo sobre centenários, pessoas com 100 anos ou mais, é que, ao se chegar a uma "quarta idade", a saúde tende a se estabilizar. O período mais significativo no surgimento de doenças concentra-se na faixa entre os 60 e 80 anos; quem consegue ultrapassar essa fronteira tende a uma estabilidade maior. Existem até estudos econômicos do quanto se gasta por pessoa, conforme a faixa etária: os custos são menores (20% a 25% a menos) com pessoas que estão perto dos 100 anos do que com pessoas que estão próximas aos 60 anos!

Nessa observação há também diferenças de gênero. Homens e mulheres se comportam diferentemente também nessa questão. O homem tende a suportar menos a doença e, portanto, a morrer mais cedo. A mulher suporta melhor os sintomas e acaba aprendendo a conviver com a doença, o que lhe permite viver mais. Ou seja, um número maior de mulheres chega a idades mais avançadas, comparando-se com o número de homens. No entanto, quando comparamos longevos, ultrapassada certa idade, os homens são mais saudáveis que as mulheres, pois essas, em boa parte, sobrevivem com suas doenças, e os homens, quando não morrem mais cedo por doenças e ultrapassam certo limiar, estão, em média, mais saudáveis.

Mas será que nos interessa simplesmente buscar a longevidade? Desejamos nos tornar imortais?

Mais do que buscar a longevidade a qualquer preço ou lutar contra a morte e o medo dela, parece-me um projeto construtivo e prazeroso *buscar a qualidade de vida para hoje, que pode se prolongar até um elástico amanhã.* Essa é uma distinção significativa para mim.

3. Algumas pistas do comportamento biológico humano

Olhando a biologia humana, não resta dúvida de que existe uma curva do tempo. Há um nascer, um morrer, um princípio e um fim de nossas vidas humanas no planeta Terra. Não resta dúvida de que ao longo de nossa vida orgânica humana há um período de desenvolvimento e, mais tarde, um período de degeneração mais ou menos lenta e progressiva das funções. Não há, entretanto, um momento definido em que essa fronteira se instala.

Alguns autores afirmam – e eu prefiro essa leitura – que existe uma fase de linha ascendente na curva, um platô, com uma curva de inflexão mínima, e uma fase de linha descendente. Outros apontam apenas uma linha ascendente, seguida imediatamente da linha descendente. Porém, quem delimita esses momentos? A tendência maior é a referência às duas fases; alguns chegam a afirmar que o declínio começa em torno dos 25 anos, logo após o período considerado de desenvolvimento. Temos um exemplo corriqueiro: nosso primeiro fio de cabelo branco apareceu com que idade? É claro que isso varia muito de pessoa a pessoa.

Há algum tempo, participando de um simpósio, ouvi esta frase de um endocrinologista que estuda questões do envelhecimento: "a mãe natureza investe tudo na reprodução". É uma frase contundente que remete imediatamente ao papel dos hormônios. Outros autores ampliam a discussão quando dizem que toda a nossa fisiologia – a inteligência de nossas células – se mobiliza em função de nossa sobrevivência, não só a sobrevivência individual, mas a sobrevivência da espécie; nesse conceito estão incluídas as exigências de nossa evolução como humanos. As duas abordagens apontam para essa curva do tempo e, portanto, para sua fase declinante.

Isso não quer dizer que, a partir daí, estaremos entrando em uma fase de empobrecimento, ou numa fase só de perdas e limitações. A fase de desenvolvimento das bases fisiológicas é delimitada, mas a estrutura se realimenta com a vivência, a qualidade de vida continua se constituindo com as nossas diversas funções desempenhadas no equilíbrio de suas várias dimensões, com o pleno uso de nossas capacidades (aqui a importância de concebermos o platô da curva). A construção do humano continua. Temos um longo tempo de aumento de eficácia de nossa ação, do nosso pensamento, da nossa reflexão, de nossa participação social. Aqui fica nítido um aspecto em que a biologia não pode deixar de ser vista como biologia humana. *O processo de diminuição progressiva das potencialidades orgânicas*, a partir de certo ponto, *não é determinante para o nosso agir humano. A riqueza criativa de nossa vida interfere decisivamente nesse processo de diminuição de algumas de nossas habilidades físico-químicas* e tantas vezes nos permite conviver com ele sem grandes penas.

Essas possibilidades, como já vimos, têm sua base genética, e têm, ao mesmo tempo, toda a história de vida como construção; ou seja, o modo como lidamos com a nossa vida, as condições das interações incessantes de cada um de nós com seu universo de relações pessoais e sociais, com o mundo em volta em suas condições de vida sanitária, educacional, social, econômica, cultural. Não esquecendo que *o nosso modo de vida se cria e recria até o dia de nossa morte*. Gosto de dizer que até o momento de morrer nós podemos aprender alguma coisa. E nós estamos nos construindo desde antes de sermos nós mesmos; desde nossa gestação essa história começa a se produzir, a se realizar. Nossa história tem uma fase que depende pouco ou nada de nós mesmos, mas a maior parte do tempo dependemos de nós mesmos e do mundo a nossa volta, com toda a vivência de relações resultante. Somos em boa medida responsáveis por nossa história de vida, daí a possibilidade da nossa intervenção.

Podemos pensar que nossa história acaba até por modificar os nossos próprios genes; mesmo se eles nos são dados por herança, há modificações que se processam ao longo de nossa presença no mundo e que vão levar, finalmente, à própria evolução da espécie. Por exemplo, sabemos que, ao longo da evolução, o homem passou de caçador a agricultor. Hoje há um processamento industrial de alimentos. Três fases bem diferentes! Como se comportou o organismo humano em cada uma dessas etapas? Hoje, temos a sociedade pós-industrial, a sociedade cibernética, com uma mudança de comportamentos extraordinária! Pensemos na presença da mulher no mundo, nas diferentes sociedades e épocas, e no quanto essa presença sofreu modificações, em muitas dessas sociedades (ainda muitas por modificar!). A mulher parideira, fazedora de filhos, restrita ao lar, é hoje, nas sociedades modernas, a mulher profissional, tomando decisões administrativo-político-econômicas, com boa parte do dia em frente a um computador! Quantas modificações já foram incorporadas nessa fisiologia feminina? Ou podemos pensar também quantas dificuldades de adaptação desse organismo feminino mais primitivo ou naturista transitam para a situação da mulher atual, atuante nas sociedades contemporâneas!

No entanto, essas modificações acontecem a muito longo prazo. Se considerarmos esse processo evolutivamente, podemos imaginar que acrescentar qualidade a nossa vida individual tem consequências não somente individuais, mas para o conjunto da sociedade em que vivemos e até para novos padrões evolutivos. Não é uma viagem tão longínqua da imaginação ou do pensamento!

Voltemos à imagem da curva ascendente e descendente de nossa vida biológica humana. Quais serão os fios condutores dessa curva? Além das características genéticas até o momento pouco delimitadas, quais são essas bases biológicas envolvidas no processo de envelhecer?

1. Parece-me claro que não podemos pensar num único fator, mas uma hipótese bastante provável é o fato de os *hormônios* terem um papel preponderante, como já sugerido anteriormente. Em termos de fisiologia humana, os hormônios são bastante determinantes de muitos aspectos de nossa vida. Quando estudamos os hormônios, sabemos que cada um deles interfere em todos ou quase todos os sistemas e dimensões da vida humana.

Hormônios sexuais, por exemplo, interferem nos órgãos sexuais, na sexualidade, mas interferem também em outros sistemas, como nos ossos, na gordura, na pele, no sono, no humor, em características da personalidade. E quando, acima, nos referimos à reprodução e à preservação do indivíduo e da espécie (humana), são os hormônios sexuais os mais diretamente implicados. Depois de uma fase de grande possibilidade física reprodutiva, os hormônios têm uma produção declinante, com consequências para todos os sistemas relacionados.

As condições pessoais vão intervir nesse declínio; para alguns a falha pode ser até sintomática, em maior ou menor escala; para outros, uma continuidade de vida produtiva afetiva, social, profissional, sem outros limites significativos que a impossibilidade de gestar fisicamente. Mas parece claro, também, que a deficiência desse estímulo tão decisivo vai, progressivamente, deteriorando a vitalidade dos diferentes tecidos, das variadas funções do organismo, e *os limites vão se acentuando numa escala bem individualizada.*

A tireoide, uma verdadeira subestação central no comando hormonal do organismo humano, na fase do declínio da curva pode viver uma diminuição da sua função. Aproximadamente 25% de pessoas mais idosas sofrem de hipotireoidismo. Uma série de consequências no funcionamento do organismo e também no comportamento pode decorrer daí.

Temos um hormônio muito especial: o hormônio do crescimento, o qual tem provocado polêmica, porque uma das tentativas de melhorar a qualidade de vida de idosos seria administrá-lo depois de deixar de ser produzido significativamente; sim ou não, os estudiosos e clínicos se dividem, mas não é a nossa discussão neste contexto.

Cito esses dados, de passagem, para afirmar que os hormônios são um fio condutor. Temos uma fase de boa produção de hormônios, boa secreção deles, boa atividade hormonal e uma fase de diminuição e, em alguns casos, de um quase apagamento dessa função, com consequências sistêmicas maiores ou menores, de acordo com cada pessoa e suas peculiaridades genéticas e vivenciais.

No entanto, ao longo da vida, podemos ter estímulos revitalizantes para esse complexo processo hormonal ou podemos ter fatores que contribuem para sua inibição ou declínio. Não se trata apenas da produção dos hormônios, mas também da secreção deles no momento correto e de sua presença ativa em nosso organismo. Tomemos um exemplo menos conhecido: a insônia, ou a dificuldade com o sono, é muito citada como um sintoma frequente. Não nos esqueçamos de que o sono tem implicações hormonais; existe mesmo um hormônio especial para garantir o sono com melhor qualidade, a "melatonina". Sua produção é estimulada pela luz solar, portanto durante o dia. Mas sua secreção – o hormônio, uma vez produzido, precisa ser jogado na circulação – é mais estimulada pela escuridão, realizando-se predominantemente durante a noite. Então, ter mais vida ao ar livre, ao sol, à luz do sol vai nos possibilitar que mais melatonina seja produzida; no entanto, se à noite temos estímulos luminosos em torno de nós, a secreção da melatonina encarregada de garantir a qualidade do nosso sono pode ficar inibida. É um exemplo das influências do ambiente e de nosso comportamento externo em nossa vida interior, a vida fisiológica.

Se os hormônios recebem influência do meio ambiente e do nosso comportamento, quais os caminhos por onde essa influência se dá? Os estudos ainda têm muito a avançar na compreensão dessas relações.

Uma das possibilidades parece ser pela melhora dos receptores que podem estar falhos. Explico: nossa bioquímica é acionada por estímulos, veiculados principalmente por hormônios e neurotransmissores. Para facilitar a compreensão, vamos pensar num aparelhinho químico, um microrreceptor de estímulos. É nessa chave que a ação de hormônios ou neurotransmissores acontece. Quando os nossos receptores hormonais entram em disfunção, vão sendo menos capazes de receber os estímulos. E quantas degenerações vão acontecendo por falta de estímulos e de boa recepção para os estímulos!

Poderemos interferir diretamente nesse processo? Parece que sim. A atividade muscular, por exemplo, melhora tanto a qualidade funcional dos nossos receptores hormonais como a qualidade dos receptores de neurotransmissão.

O que são os neurotransmissores? A grande maioria de nossas comunicações de neurônio para neurônio, de neurônio para músculos, de neurônio para glândulas, passa por uma substância, que funciona como um engate final, o elo que está ou não presente, que está ou não suficiente, que está ou não sendo bem recebido. Essa substância é o neurotransmissor. A produção e a presença eficiente dos neurotransmissores também são estimuladas por uma série de fatores da nossa vida cotidiana, sendo os fatores principais a alimentação, a atividade física, as emoções humanas, os sentimentos vividos.

2. Assim como os hormônios são fios condutores em nossos processos fisiológicos, condicionando nossa situação naquela curva do tempo, outros fenômenos biológicos que acontecem no nosso corpo durante a vida inteira são *a renovação e a morte de nossas células.*

Sabemos que nossas células estão em renovação permanente, ou seja, elas se reproduzem constantemente (a partir do fenômeno da mitose). E é também verdade, ao mesmo tempo, que elas constantemente morrem. A morte celular (apoptose) é também um fenômeno biológico corrente. É claro que ao longo da vida o desejável é um equilíbrio entre esses dois fenômenos; as degenerações, como as doenças, representam um desequilíbrio que vai se acentuando nesse *processo vital contínuo de nascimento e morte celular.* O enfraquecimento do processo de renovação celular vai significar a deterioração de funções orgânicas. Novamente, um campo aberto para que nossos comportamentos mais ou menos saudáveis interfiram no processo. A alimentação rica de substâncias revitalizantes e pobre de elementos intoxicantes, nossa atividade física suficiente e bem arejada, o vigor de nossa vida pessoal e social, afetiva e profissional são fatores de boa e equilibrada renovação celular. Fica claro que o processo biológico de envelhecimento compreende uma ênfase menor na renovação celular, uma provável acentuação do fenômeno de morte das células.

3. Na biologia orgânica humana, outro processo conhecido tomado por muitos como fenômeno determinante de nossa situação na curva ascendente/descendente e muito mais divulgado recentemente é o fenômeno da *oxidação*, a partir da presença excessiva de radicais livres, responsável pelo desencadeamento de processos degenerativos, inflamatórios, patológicos. Foi a perspectiva "ortomolecular" que desenvolveu e continua defendendo o *uso de nutrientes* como "antirradicais livres", ou "antioxidantes", proposta que pode, efetivamente, ajudar muito na recuperação de boas relações entre os nossos múltiplos ingredientes físico-químicos. O processo de oxidação se acentua com a presença de elementos poluentes de toda sorte, provindos da alimentação, do meio ambiente e também das inumeráveis sobrecargas tensionais, emocionais, vivenciais. Hoje já é lugar-comum se falar da alimentação e do famoso estresse como elementos fortemente agressivos ao organismo humano – pela via da oxidação –, e precisamos considerar não menos importante toda uma gama de informações recentes sobre fatores ambientais que nos são fortemente agressivos, acentuando os processos de oxidação, base para a degeneração e o surgimento das doenças.

Podemos interferir nesses processos por várias vias. Uma delas é a *alimentação* com os chamados "nutracêuticos" (elementos nutritivos que exercem um papel farmacológico, como se fosse um medicamento). Há diversas substâncias alimentares antioxidantes. Muitos alimentos são especialmente nutracêuticos, como a maçã, o azeite de oliva extravirgem, o brócolis, o chá verde. Com base em uma alimentação de qualidade, a curva de declínio ao longo da segunda metade de nossa vida se faz mais harmoniosa e menos veloz ou intensiva.

É claro que na atualidade são desenvolvidas fórmulas farmacêuticas com os nutrientes considerados necessários ou úteis em cada situação concreta de cada pessoa, num dado momento. Mas é claro também que o fundamental é que a alimentação habitual nos seja fornecedora desses elementos, para o que podemos ter alguns lembretes decisivos, dado o lugar importante que tem a alimentação em nossa vida.

• Na alimentação sadia, quanto mais *vegetais* ingerimos, melhor, considerando todo o mundo vegetal: as frutas, os legumes, as verduras, as leguminosas, as sementes (nozes, castanhas diversas e sementes mais citadas recentemente, como gergelim e linhaça) e os cereais.

• Entre os cereais e grãos de todo tipo são preferidos os integrais. Vale destacar a importância das fibras dos cereais, de qualidade diferente das fibras das folhas; elas são muito importantes para a eliminação de resíduos alimentares indesejáveis, como a própria gordura.

• Hoje, falamos – já correntemente – nos "carboidratos complexos" como muito mais adequados à saúde, significando muito menor sobrecarga para o metabolismo da glicose, enquanto os carboidratos simples são muito depressa considerados sobrecarga metabólica (açúcares e farináceos refinados, por exemplo). Os carboidratos complexos podem ser escolhidos inclusive pelos diabéticos; eles equivalem, na prática, aos cereais e grãos integrais.

• As frutas nos são ofertadas com tamanha diversidade, beleza, sabor e riqueza nutritiva! Por que não fazer delas nossas aliadas principais? São muito propícias ao clima de nosso país e nos tornam tão mais leves!

• O sal é um grande vilão. Em que pese a sua função de um tempero discreto para realce dos sabores, seu uso – assim como o do açúcar – foi sendo, historicamente, muito acentuado por razões econômicas de várias ordens. Para o nosso metabolismo, no entanto, isso foi desastroso. Hoje temos um consumo excessivo de sal em quase todas as preparações, porque fomos induzidos a esse consumo e, com isso, prejudicamos muito a boa presença do potássio. *Para nosso metabolismo, é muito significativa a presença do potássio*, presente em todo o mundo vegetal e especialmente nas frutas, e é importante o equilíbrio entre potássio e sal. Toda a industrialização de alimentos abusa de sal, seja por motivos de conservação, seja por indução ao consumo aumentado.

Da mesma forma, a atividade física equilibrada e todas as maneiras e técnicas hoje difundidas de relaxamento do corpo e do mundo emocional também nos ajudam a evitar a presença demasiada das oxidações.

4. Por último, mas não menos importante para a inflexão de nossa curva de qualidade de vida e de todo o nosso processo biológico de envelhecimento, quero destacar um fenômeno que merece a maior atenção: *o desuso*.

Como já vimos, entre os muitos aspectos limitativos que relacionamos como típicos da idade que avança, temos a falta de energia, a falta de força, a libido diminuída, a diminuição de memória, de capacidade e de trabalho. Com esses dados, a imagem que nos vem à mente é a do desgaste, da sobrecarga. Envelhecer, dessa forma, significaria já "estar gasto", não ter forças, estar sobrecarregado, ultrapassado.

No entanto, vários estudos referem – e assumo isso com muita convicção – que *grande parte das nossas limitações se dá por desuso e não por uso demasiado*. É a fisiologia e a fisiopatologia que esclarecem: nesses vários aspectos que acreditamos não ter mais capacidade, *a causa da diminuição dessas funções é o desuso e não o abuso*, na absoluta maioria dos casos. O sedentarismo, provocado pela dinâmica da sociedade moderna, provoca um fantástico desuso de tantas de nossas capacidades ou habilidades. *O sedentarismo, como a dispensa do uso de nossa força muscular, são extremamente destrutivos de nossas capacidades.*

Todos já ouvimos falar de perda de massa muscular quando não temos atividade física; já vimos situações em que uma pessoa sofre de hipotrofia muscular por ficar de cama por uma semana. Pensemos isso na vida corrente, comparemos o mesmo fenômeno na pessoa mais ativa e na pessoa menos ativa fisicamente.

Ora, isso não acontece apenas com os músculos, mas com todos os nossos tecidos. Da mesma maneira como o exercício muscular previne a atrofia muscular, todos os nossos sistemas dependem de estímulos equilibrantes. O desafio mental, os estímulos mentais preservam nossa mente e nosso sistema imune. Um cérebro desocupado vai deteriorar-se do mesmo modo que pernas ou braços que não trabalham. Hoje, aliás, já se fala muito de "ginástica cerebral". *A falta de trabalho muscular traz um declínio de nossos músculos da mesma maneira como a falta de trabalho de outras funções nossas traz a diminuição ou o enfraquecimento daquelas áreas não trabalhadas.*

Quando discutimos a qualidade de vida e o processo saudável de envelhecimento com amigos, ou mesmo com profissionais de saúde, aparece com muita ênfase a importância de mantermos vivos nossos interesses profissionais, sociais, culturais como fator de animação, boa disposição, boa saúde. Esse é um aspecto que vem sendo muito destacado nos estudos sobre longevidade e qualidade de vida. "A mente vazia é o poço da degeneração".

Para nossa alegria, podemos constatar, em torno de nós mesmos, belos testemunhos nessa direção: nós nos mantemos animados e com apetite para a vida porque tivemos compromissos envolventes em nossa vida, e até hoje nos mantemos comprometidos com o mundo em volta, ligados, participantes, aceitando desafios, disponíveis para as mudanças, capazes de criatividade. Como tudo isso garante o bom uso de tantas funções e habilidades humanas!

Algumas degenerações, como a demência, são apontadas por alguns estudiosos como muito ligadas à depressão, à solidão, à falta de boas motivações para viver, à pobreza das relações afetivas e sociais.

O que podemos fazer de melhor para a questão da memória é buscar estímulos. Não nos esquecendo de que a memória está intimamente ligada à concentração, à atenção, à motivação. Muitas vezes não se trata da falta de memória propriamente dita e sim da diminuição da capacidade de concentração, já que nosso interesse está em outro lugar e nossa emoção, presa a outras motivações. Lembremos que *os caminhos fisiológicos da memória estão especialmente ligados a caminhos neurológicos emocionais conhecidos*. As sedes neurológicas da memória no sistema nervoso central são, em boa parte, as mesmas sedes reconhecidas do nosso sistema emocional.

Penso que, para não termos "medo do alemão" (Alzheimer), como se diz de forma corriqueira na atualidade, vale lembrar que vida é movimento, que todo o nosso corpo, todo o nosso ser é capaz de atividade, se exprime e se afirma pelo movimento; e a vida precisa do movimento para se realimentar. É preciso lembrar que o cérebro não se reduz a nossa função cognitiva, e nós não nos reduzimos a uma cabeça pensante. Não, o cérebro comanda todas as nossas funções, e cada uma delas, em atividade, estimula as demais. O declínio passa pela falta de estímulos adequados, sem subestimar os estímulos afetivos.

Resumindo e repetindo, quero enfatizar muito esta convicção: *a maior parte de nossas limitações se faz muito mais por desuso do que por excesso de uso*. O desuso é um fio condutor fortíssimo para acentuar a inclinação descendente de nossa curva do tempo, para fortalecer os diferentes vetores que conduzem os processos biológicos humanos do envelhecer.

Em um estudo sobre longevos, referindo-se a estímulos, é citada uma senhora muito ativa, que ainda carregava peso, caminhava com bom ritmo, andava a cavalo, nadava, cozinhava para os familiares, cuidava da própria casa, ou seja, fazia coisas pouco esperadas para sua idade; quando lhe perguntaram como fazia tudo aquilo, ela respondeu: *"já estou muito velha para não fazer"*.

Assim, nossa atitude ativa, aqui incluímos toda atividade física possível, é nossa aliada chave na estimulação de nossos músculos e articulações, da mesma forma estimulante de nosso metabolismo, nosso cérebro, nossos hormônios e neurotransmissores. Não se trata de atividade eventual, nem mesmo a do esportista de fim de semana – o que pode ser até prejudicial para algumas pessoas propensas a problemas cardiovasculares. Trata-se de atividade no cotidiano; a frequência, a regularidade, o ritmo do exercício são fatores qualitativos decisivos. Mais do que isso, *trata-se de cultivar a atitude ativa dentro de cada cena de nosso viver*.

4. Ao final

Para finalizar, quero destacar uma afirmação ouvida de um amigo: "como é difícil ser solidário consigo mesmo!"

Quero convidar cada um dos que me leem a assumir esta frase positivamente: "ser solidário consigo mesmo". Se formos solidários com nós mesmos, com a nossa própria construção, conseguiremos garantir nossa qualidade de vida e até ampliar o tempo de vida com qualidade.

É inelutável o envelhecer? Sem dúvida. Trabalhamos neste texto com a constatação da curva do tempo. Curva que inclui o nascimento e a morte. A morte também é inelutável. A finitude é nossa primeira realidade. A questão importante, no entanto, é: qual é a qualidade de nosso envelhecer? Qual será a qualidade de nossa morte? Em que podemos contribuir, ao longo da vida e a cada momento de qualquer fase, para que nosso envelhecer tenha alegria e criatividade? O que fazer para que o eventual limite do joelho ou da digestão não nos condicione a uma vida sem passeios ou sem bom paladar? O que cultivar em nós mesmos para que o medo da morte não nos seja mais um fator destrutivo?

E nessa direção, mais uma pergunta caberia ser feita: *por que não incluir o corpo na dimensão de nossa atitude e nossa atividade consciente?*

Se a culminância de nossa presença no mundo é a consciência, se é importante desenvolvermos a nossa consciência em relação às outras dimensões de nosso ser, por que não cultivar o contato, a presença, a consciência em relação ao nosso próprio corpo? Nosso corpo é nossa presença no mundo, nossa integração no universo físico, é nossa materialidade, sem a qual não existimos, não nos comunicamos, não amamos, não temos ação humana.

Consciência corporal, consciência de nós mesmos que nos faz não só ter mais em mãos nosso universo psíquico, mas, igualmente, ter a presença de nós mesmos em nosso corpo. A consciência de nós mesmos nos fará, igualmente, muito mais presentes, efetivamente, em nossas relações com o mundo. Nosso corpo já se constrói na relação com o espaço, na relação com o outro, com os outros. *Nosso corpo também é história e cultura.* Cuidar do meio ambiente, cuidar do social, do político, do cultural, significa cuidar de nós mesmos e, assim, também de nosso corpo, reconhecendo que essas dimensões todas estão intrinsecamente ligadas e interferem na qualidade de vida de todos e de cada um, em nossa vida pessoal, em nossas emoções e esperanças, em nosso compromisso, em nossa solidariedade da ação cotidiana.

SENTIMENTOS DE TRISTEZA
E MEDO DA MORTE:
MEMÓRIA E MOVIMENTOS CRIATIVOS
NO ENVELHECER

Fernando José Barbosa Rocha[1]

Suponho que já escrevi meus melhores livros. Isso me dá uma espécie de tranquila satisfação e serenidade. No entanto, não acho que tenha escrito tudo. De algum modo, sinto a juventude mais próxima de mim hoje do que quando era um homem jovem. Não considero mais a felicidade inatingível, como eu acreditava tempos atrás. Agora sei que pode acontecer a qualquer momento, mas nunca se deve procurá-la. Quanto ao fracasso e à fama, parecem-me totalmente irrelevantes e não me preocupam. Agora o que procuro é a paz, o prazer do pensamento e da amizade. E, ainda que pareça demasiado ambicioso, a sensação de amar e ser amado.

(Jorge Luis Borges, *Ensaio autobiográfico*)

---

[1] Fernando Rocha é formado em medicina pela Faculdade de Ciências Médicas de Pernambuco. Fez especialização em Psiquiatria pela Universidade do Rio Grande do Sul e Psicanálise na Sociedade Psicanalítica de Paris. É membro titular da Sociedade Brasileira de Psicanálise do Rio de Janeiro, músico (compositor e cantor) com vários CDs gravados e integrante do grupo Cantores do Chuveiro.

Fool: If thou wert my fool, uncle, I'd have thee beaten for being old before thy time.
Lear: How's that?
Fool: Thou shoud'st not have been old till thou hadst been wise.
(Shakespeare, Rei Lear, 1º ato, cena 5)[2]

Há algum tempo participei como palestrante de um encontro com um grupo de intelectuais e profissionais de várias áreas, que se reuniram para refletir sobre o tema "Um outro envelhecer é possível".[3] Naquela ocasião apresentei, em uma das mesas, algumas ideias sobre sentimentos de tristeza e saídas criativas no envelhecer, questões dotadas de uma extensa abrangência que ultrapassa o universo psicanalítico. Esta minha reflexão de hoje traz algumas das ideias apresentadas naquela ocasião.

Sentimentos de tristeza decorrentes de mutações de ciclos próprios da vida não são obrigatoriamente patológicos e, nesse sentido, nem sempre estar triste é estar deprimido. Se o ficar triste pode ser um sentimento tão legítimo quanto o ficar alegre, pode ser simplesmente um registro de nossa sensibilidade que tanto pode gargalhar, como guardar silêncio.

Porém, em nossa cultura, os esforços não se dão no sentido de se vivenciar e buscar compreender a tristeza, mas sim no de disfarçá-la, sufocá-la. Com frequência, a triste-

---

[2] Bobo: Se tu fosses meu Bobo, tio, eu teria mandado te darem uma surra por ficar velho antes do (teu) tempo. Lear: Como assim? Bobo: Não deverias ter ficado velho enquanto não ficasses sábio (tradução de Marlene Manso).

[3] Guapimirim – Nova Friburgo, RJ. Outubro, 2005.

za quer simplesmente ter o direito de existir, de assegurar o seu espaço nessa cultura que exalta a superficialidade e desconfia de quem está mais quieto, ou silente. No entanto, na maioria das vezes, é a própria pessoa que não se permite não aparentar estar eufórico.

A psicanalista e poetisa Marialzira Perestrello, que já fez 90 anos, escreveu um poema intitulado *Luto* e o dedicou a um colega que estava triste com a perda de sua mulher. Algumas pessoas, não compreendendo a legitimidade e normalidade de seu sentimento, queriam que ele "reagisse", que tivesse outras atitudes. Eis uma passagem do poema:

> A tristeza é triste, mas é companheira
> Sentimentos outros podem trair
> Fazer mal.
> A tristeza é triste, mas é amiga fiel.
> Amigo, não mande a tristeza embora!

Na atualidade, cresce a dificuldade em se compartilhar sentimentos de tristeza, mesmo com amigos e familiares. O renomado sociólogo Zigmund Bauman (1998) tem investigado de que forma nossas relações tornaram-se cada vez mais frouxas, gerando níveis de insegurança cada vez maiores, priorizando relacionamentos em "redes", as quais podem ser tecidas ou desmanchadas com igual facilidade", não se sabendo mais manter laços a longo prazo.

Existe também, no mundo atual, a tendência a patologizar e a psiquiatrizar os sentimentos de tristeza, enfraquecendo qualquer positividade neles existente, mesmo quando suas manifestações fazem parte de um pensar elaborativo, por exemplo, em um processo de luto. Essa atitude fortalece, por um lado, a tendência à medicalização, por vezes inadequada, na tentativa de eliminar sentimentos de tristeza que deveriam ser vividos. Imprime-se assim um ponto de vista de acordo com o qual a "alegria" deve estar presente mesmo quando há ausência de felicidade: portanto, uma visão de alegria e felicidade que jamais comportaria a tristeza. No entanto, sabemos que a tristeza é um dos elementos do existir do homem – de sua condição ontológica –, portanto daquilo que o faz existir em sua humanidade. Penso ser pertinente o uso de antidepressivos, quando administrados criteriosamente, em certas patologias depressivas.

Associada a essa tendência, existe outra, a de o homem não aceitar o envelhecimento, já que envelhecer evoca também a ideia de finitude, ideia que se apresenta de forma mais acentuada no envelhecimento. No entanto, o desejo de não envelhecer, que tem sido estudado em diferentes culturas, reflete um desejo atávico de o homem manter-se jovem ou imortal.

O "ser velho", como nos lembra Elias (2001), surge da interiorização de uma identidade individual e coletiva, não se apresentando, pois, de forma homogênea.

Roetzler de Casella (2009, p. 8), na introdução de seu trabalho *O idoso diante da morte*, nos fala de uma "nova velhice" no Ocidente contemporâneo, retratada nas várias mídias. Essa autora ressalta que falar do envelhecer é falar também da morte e que o medo da morte se manifesta de distintas maneiras: para alguns, apresenta-se como inquietação, um não saber o que fazer, por meio de sintomas físicos ou psíquicos, por vezes sob forma de depressão; para outros, manifesta-se pela angústia paralisante da vida retirando o bem-estar do sujeito.

Sobre o medo e a negação da morte

Na letra de sua música *Não tenho medo da morte*, Gilberto Gil aborda com arte a morte e o morrer em suas diferentes temporalidades:

> Não tenho medo da morte
> Mas sim medo de morrer
> Qual seria a diferença
> Você há de perguntar
> É que a morte já é depois
> Que eu deixar de respirar
> Morrer ainda é aqui
> Na vida, no sol, no ar
> Ainda pode haver dor
> Ou vontade de mijar
>
> A morte já é depois
> Já não haverá ninguém
> Como eu aqui agora
> Pensando sobre o além
> Já não haverá o além
> O além já será então
> Não terei pé nem cabeça
> Nem fígado, nem pulmão
> Como poderei ter medo
> Se não terei coração?
>
> Não tenho medo da morte
> Mas medo de morrer, sim
> A morte é depois de mim
> Mas quem vai morrer sou eu
> O derradeiro ato meu
> Eu terei de estar presente
> Assim como um presidente
> Dando posse ao sucessor

Terei que morrer vivendo
Sabendo que já me vou

Então nesse instante sim
Sofrerei quem sabe um choque
Um piripaque, ou um baque
Um calafrio ou um toque
Coisas naturais da vida
Como comer, caminhar
Morrer de morte matada
Morrer de morte morrida
Quem sabe eu sinta saudade
Como em qualquer despedida.[4]

Freud (1915, p. 327), quando fala da atitude que adotamos em relação à morte, quando se refere à tendência inegável do homem para colocá-la de lado, para eliminá-la da vida, escreve: "Tentamos silenciá-la na realidade e dispomos até mesmo de um provérbio que diz *'pensar em alguma coisa como se fosse a morte'* " (em alemão, no sentido de *pensar em algo improvável ou incrível*). De fato, diz Freud, "é impossível imaginar nossa própria morte e, sempre que tentamos fazê-lo, podemos perceber que ainda estamos presentes como espectadores. Por isso, a psicanálise pôde aventurar-se a afirmar que no fundo ninguém crê em sua própria morte, [...] no inconsciente cada um de nós está convencido de sua própria imortalidade".

O humorado pesquisador musical Sergio Cabral me contou em conversa que o nosso grande compositor e intérprete Nelson Cavaquinho não escondia o seu gran-

---

[4] Gege Edições Musicais Ltda (Brasil e América do Sul).

de medo da morte. Certa noite, Nelson acordou com o pesadelo de que morreria às 3 horas da madrugada; e então não hesitou em atrasar bastante o seu relógio. Para Zeferino Rocha (2009, p. 10), poetas, filósofos e cientistas, de modos diferentes, têm se interrogado sobre o sentido da morte, procurando desvendar o que encobre seu enigma:

> Uns enfrentam-na com a indiferença dos epicuristas – por que nos preocuparmos com a morte? Enquanto existimos, ela não existe, e quando ela existir, nós não mais existiremos. Outros opõem à indiferença dos epicuristas a resignação dos estoicos. Os místicos enfrentam-na com uma aceitação silenciosa e confiante porque nela descortinam o começo da verdadeira vida. Outros, olhando-a como uma possibilidade que, a qualquer momento, pode se fazer sempre presente na trajetória de nossa existência, afirmam que é na confrontação com a possibilidade da morte que a vida adquire sua dimensão de autenticidade. E, finalmente, não falta a atitude de revolta daqueles que veem a morte como um absurdo, o qual faz da vida uma "paixão inútil".

Rejuvenescimento e imortalidade: narrativas míticas

O desejo de rejuvenescimento, de longevidade, ou até mesmo de imortalidade, é encontrado no homem sob as mais diversas formas. Esses sentimentos se expressam em diversas culturas por meio de narrativas míticas, cujo tema principal é a busca de plantas dotadas de poderes capazes de suprir esse anseio humano.

Mircea Eliade, em trabalhos sobre história das crenças e religiões, alertou não somente para esse fenômeno, como para o valor que cada cultura atribuía ao poder das plantas. Comparando povos como os semitas e os indianos, Eliade (1970, p. 355) estabeleceu entre eles uma interessante diferenciação: ressaltou que os semitas "tinham sede de imortalidade", enquanto os indianos eram ávidos por soluções que os levassem à "regeneração e ao rejuvenescimento". A busca de rejuvenescimento dos indianos, expressada nas dietas alquimistas e médicas, e o mito de Cyavana podem servir, segundo Eliade, como modelo exemplar desse ideal. Conta o mito indiano que Cyavana procura os açvins e lhes propõe que o rejuvenesçam, em troca do *soma, a ambrosia divina*. Proposta aceita, os açvins conduzem Cyavana à "fonte de juventude" de Sarasvatu, oferecendo-lhe juventude e esplendor, tornando-o semelhante aos deuses.

Assim, mais que a imortalidade que se perde no tempo, o ideal indiano era o de gozar "longa juventude" e, em algum momento, poder se desprender do cosmos, ganhando "autonomia espiritual". Situação similar é encontrada entre os gregos, que também não almejavam a imortalidade, mas a juventude e a vida longa (ELIADE, 1970).

Já o mito semita de Adão revela o pleno desejo pela imortalidade. Habitante do paraíso, Adão convivia com a árvore da vida e a árvore do conhecimento do bem e do mal. Contudo, estava proibido por Deus de provar os frutos desta última. Seria por meio dela que Adão adquiriria o conhecimento sobre sua condição de mortal, passando a reconhecer e a identificar a árvore da vida, que tinha uma localização de difícil acesso.[5] Encontrava-se "escondida", em posição e dificuldade que lembrava a árvore da imortalidade procurada por Gilgamesh.

Gilgamesh, o herói babilônico, diante do corpo morto do amigo Enkidu, expressa o quanto aspirava à imortalidade. Lamentando a perda do amigo, interroga se teria o mesmo destino: o de deitar-se para não mais levantar. Certo de que o mesmo lhe aconteceria, recorre a Ut-Napishtim, cuja imortalidade fora concedida pelos deuses, por ter sobrevivido a um dilúvio. O sábio, de forma impiedosa, lhe diz: "o caminho é longo, penoso, semeado de obstáculos, como todo caminho para o 'Centro', 'Paraíso', ou uma fonte de imortalidade".

---

[5] Lemos no Gênesis 2,15-17; 3,1-5.22-24.: "O Senhor Deus tomou o homem e o colocou lá no jardim de Éden para o cultivar e guardar. O Senhor Deus deu ao homem uma ordem, dizendo: 'Podes comer de todas as árvores do jardim. Mas da árvore do conhecimento do bem e do mal não deves comer, porque no dia em que o fizeres serás condenado a morrer'". Mais adiante vemos algo sobre o pecado: "A serpente era o mais astuto de todos os animais selvagens que o Senhor Deus tinha feito. Ela disse à mulher: 'É verdade que Deus vos disse 'não comais de nenhuma das árvores do jardim?'.' E a mulher respondeu à serpente: 'Do fruto das árvores do jardim, podemos comer. Mas do fruto da árvore que está no meio do jardim, Deus nos disse 'não comais dele nem sequer o toqueis, do contrário morrereis'.' A serpente replicou à mulher: 'De modo algum morrereis. É que Deus sabe: no dia em que dele comerdes vossos olhos se abrirão e sereis como deuses, conhecedores do bem e do mal'". Mais adiante está escrito no Gênesis: "E o Senhor Deus disse: 'Eis que o homem se tornou como um de nós, capaz de conhecer o bem e o mal. Não vá agora estender a mão também à árvore da vida para comer dela e viver para sempre'. E o Senhor Deus o expulsou do jardim de Éden, para cultivar o solo donde fora tirado. Sendo expulso o homem, colocou diante do jardim de Éden os querubins com o cintilar da espada fulgurante, para guardar o caminho da árvore da vida".

Sem qualquer das qualidades dos deuses para tornar-se merecedor da vida eterna, Gilgamesh obtém de Ut-Napishtim, graças às súplicas de sua mulher, a chance de desvendar a existência, no fundo do oceano, de uma planta "cheia de espinhos" (ou seja, dificilmente acessível) que garantiria a juventude indefinidamente. Assim, segue Gilgamesh sua empreitada. Amarra pedras aos pés e desce ao fundo do mar. Lá chegando, encontra a planta e, ávido, arranca-lhe um ramo. Em seguida, liberta os pés e volta à superfície. De volta, a caminho de Uruk, resolve parar numa fonte para beber água. Nesse momento, atraída pelo cheiro da planta, uma serpente aproxima-se e a devora, tornando-se, ela mesma, imortal (ELIADE, 1970).

Tal como Adão, Gilgamesh tem seus objetivos frustrados devido à astúcia da serpente. Em ambos os casos, a serpente apresenta-se como aquela que denuncia o anseio atávico do homem pela imortalidade. A propósito do mito de Adão e Eva, Eliade afirma que "a serpente é o obstáculo no qual esbarra o homem na sua busca da fonte da imortalidade, da árvore da vida".

Reações ao envelhecimento

Reagir à condição de mortal é manter-se pleno de humanidade, posto que nenhum outro animal possui essa consciência. A consciência da condição humana é, portanto, também a consciência do envelhecimento e uma natural reação ao mesmo.

Perder laços importantes, tais como a relação com o trabalho ao aposentar-se, com seus próximos que morrem ou se afastam e com seus ideais requer do idoso remanejamento. Dependendo de sua estrutura psíquica singular, aliada ao comportamento solidário ou não dos familiares e amigos, ele poderá reagir, seja deprimindo-se – afastando-se da vida –, seja realizando elaborações criativas. A maneira singular como ele reagirá às ameaças em sua vivência de permanência e continuidade, provocadas pelas modificações corporais trazidas com a idade, vai depender de como o sujeito e sua imagem foram estruturados.

A visão ou concepção que o indivíduo tem de si mesmo resulta de um processo que envolve as experiências, as impressões e os sentimentos que ele vivenciou ao longo de sua existência. Esse processo tem uma longa história. Origina-se na aquisição da primeira identidade do bebê humano "onde ao contemplar o rosto materno vê a si próprio nele refletido". Lins (2004) nos lembra que foi após ler o texto de Lacan sobre o "Estágio do espelho" que Winnicott, com toda originalidade, relacionou o espelho com o rosto materno. Não estamos falando aqui de percepção objetiva do ponto de vista da mãe, tampouco do bebê. Acredita Winnicott que tudo que é percebido é ao mesmo tempo concebido. Ou seja, o que percebemos é, em certa medida, por nós criado. Assim, cada bebê traz um potencial inato singular que se atualiza nas relações com o meio ambiente (p. 2 e 3).

A maneira como cada um reagirá ao envelhecimento não deixa de estar relacionada com as primeiras experiências de infância, que serviram de espelho estruturante e com o qual foram constituídos os alicerces da subjetividade.

Alguns idosos não aceitam o envelhecimento e, envergonhando-se de seus corpos, evitam o espelho que o olhar do outro, imaginariamente, lhes devolve. Assim, por não poderem elaborar as perdas com que se defrontam, correm o risco de também evitar a vida, saindo de cena, retirando-se da vida ainda em vida (Perez, 2004).

Se o luto é resposta a uma perda significativa, essa perda pode ser qualquer uma, mas é particular de cada um. Perez (2004) nos lembra que as perdas, inerentes ao viver, vão se acumulando e "fazendo consistência no percurso da vida". Perdas que acarretam estados de ânimo dolorosos, ressentimentos, inibição de funções e a concentração do interesse na memória do que foi perdido. Elas podem inviabilizar a eleição e o investimento em novos objetos, em novos ideais etc., e paralisar a vida. A saída desse estado é realizada com o processo de trabalho do luto.

Para Freud há uma diferença significativa entre luto e melancolia. Enquanto o luto se sustenta na "esperança", a melancolia é vivida no "desamparo". Zeferino Rocha (2005, p. 19) nos lembra que para Freud, no trabalho do luto, "o mundo se esvazia porque quem chora a perda de alguém concentra toda sua libido na lembrança do que está sendo pranteado". Segundo esse autor, Freud teria resumido o essencial do trabalho do luto em duas palavras: *Lösung* e *Ablösung*.

> A palavra Lösung significa solução, mas no contexto do luto ela poderia ser traduzida pela expressão "soltar laços", "desfazer nós". Tudo isso em vista de uma Ablösung, ou seja, de uma "substituição", precisamente a substituição do objeto, cuja perda se chora no trabalho do luto. Essa (substituição) só será feita quando todos os laços tiverem sido soltos e os fios estiverem novamente em condição de poderem ser usados para fazer novos laços e dar novos nós.

Enquanto o trabalho do luto abre a possibilidade de novos e inesperados encontros, evocando assim a pulsão de vida, na melancolia predomina a pulsão de morte, uma vez que há uma identificação narcísica com o objeto ausente, perdendo-se o amor pela vida.

Pode-se dizer que o envelhecimento "positivo" é aquele no qual predomina um estado permanente de luto. Ao contrário de um envelhecimento negativo, em que prevalece um estado de melancolia.

Perez (2004) põe ênfase na ideia de que a consciência da velhice advém por intermédio do outro. Ela lembra que Simone de Beauvoir, na obra *La Vieillesse* (1970, T. II, p. 14), entende a velhice como uma relação entre o que se é para o outro e a conscientização do si-mesmo que advém por intermédio do outro: "Em mim, é o outro que é idoso, quer dizer aquele que eu sou para os outros: e esse outro sou eu".

Já o poeta Mario Quintana, no poema *O velho do espelho,* expressa de maneira exemplar a difícil realidade a ser integrada – a permanência do si mesmo apesar da desestabilização da imagem:

> Por acaso, surpreendo-me no espelho: quem é esse
> Que me olha e é tão mais velho do que eu?
> Porém, seu rosto... é cada vez menos estranho...
> Meu Deus, meu Deus...Parece
> Meu velho pai – que já morreu!
> Como pude ficarmos assim?
> Nosso olhar – duro – interroga:
> "O que fizeste de mim?!"
> Eu, Pai?! Tu é que me invadiste,
> Lentamente, ruga a ruga...[...]

Assim, a tristeza provocada pela constatação das perdas que traz o envelhecimento pode tornar-se tanto um estado de fragilidade que demarca uma fronteira entre os que envelhecem e os *vivos*, como o vislumbrar de um novo horizonte.

Quando prevalece a noção de que o envelhecimento se opõe à vida, o homem tende a se isolar. Como ressalta Elias (2001, p. 17), o envelhecimento pode gerar uma situação na qual o homem se torne "menos sociável e seus sentimentos menos calorosos, sem que se extinga sua necessidade dos outros". A dificuldade em aceitar que o idoso continue necessitando de vínculos de sociabilidade e de manter-se próximo a tudo aquilo que lhe dava "sentido de vida e segurança" (ELIAS 2001, p. 8) faz do envelhecimento um estado de permanente tristeza.

Entretanto, quando o envelhecimento é visto como um novo ciclo, ele traz a percepção do nascer de um outro horizonte. Nesse estado, será exigido que a pessoa reconheça o que foi perdido ou transformado nela mesma, pois só assim será possível positivar o envelhecimento e mesmo a vivência de tonalidade depressiva que faz parte da elaboração. Portanto, a tristeza provocada pelo envelhecimento pode ser fruto da própria consciência do desenrolar de um processo de transformação e não um estado necessariamente patológico.

No entanto, a tristeza torna-se um fenômeno patológico quando a realidade do envelhecimento é negada ou, ainda mais, quando há recusa do envelhecimento. Este termo – recusa – é aqui usado em analogia com o conceito freudiano de recusa – *Verleugnung* –, empregado por Freud no sentido específico de modo de defesa diante da angústia de castração, que consiste numa recusa, pelo perverso, de reconhecer a realidade de uma percepção traumatizante, essencialmente a da ausência de pênis na mulher. Esse mecanismo é evocado por Freud em particular para explicar o fetichismo.

Como bem nos lembra Ferraz (2005), a recusa do envelhecimento, "na qualidade de recusa do tempo encarnado no próprio sujeito", tem seu correlato na "recusa do tempo encarnado no objeto", frequente, sobretudo, nos homens em uma conduta de descarte de parceiros que envelhecem. Esse "horror ao envelhecimento" é um fenômeno mais do que arraigado na chamada "normalidade" cultural, "somente sendo considerado patológico quando chega a extremos, como no caso de Dorian Gray". Assim, nos diz Ferraz, os disfarces da idade, tão corriqueiros e normais, são parte de uma linha contínua que, ao adentrar o terreno da perversão, pode transformar-se em outras modalidades correlatas de substituição do autêntico pelo falso. É nesse ponto que podem surgir, entre outras formações, o "fetiche pela prótese" (idealização do falso), como afirma Chasseguet-Smirgel, citada por Ferraz (2005, p. 60).

Para Lanteri-Laura (*apud* Ferraz, 2005, p. 60), "há na perversão uma negação do tempo e da morte, expressa em uma fixação na pré-genitalidade. Para esse autor, "as perversões aproximam-se da morte na medida em que desconhecem a temporalidade: como denegação de um encadeamento, preferência atribuída a um instante eternizado e recusada ao desenvolvimento no tempo, elas se situam no extremo oposto da vida, não apenas por serem biologicamente estéreis e não gerarem ninguém, mas principalmente por provirem da negação do tempo".

No entanto, as perdas vividas podem também conduzir o sujeito a efetivar um novo encontro consigo mesmo. É nesse reencontro que pode situar-se o trabalho das elaborações criativas, sendo a primeira delas o diálogo que cada um pode travar com sua própria história.

Também se revela de fundamental importância, para que se criem alternativas, a consciência de que as perdas trazidas pelo envelhecimento são de qualidade diferente daquelas que ocorrem em outros ciclos vitais.

Não se deve desconsiderar que até chegarmos à tomada de consciência provocada pelo envelhecimento já vivemos outros lutos decorrentes de mutações próprias da vida. A passagem da infância para a adolescência, por exemplo, comporta perdas e mudanças que podem provocar vivências de tonalidade depressivas, uma vez que esse processo implica a perda, entre outros, da dependência materna, de um corpo definido por sua infantilidade. Essas perdas, no entanto, nos lançam para um mundo novo, ainda que desconhecido. Nele nos confrontamos com novas exigências, que nos obrigam a reconhecer um outro corpo e nos lançam para um universo de novas responsabilidades e atividades. Iniciamos um outro ciclo da vida. A passagem da adolescência para a vida adulta também é caracterizada por uma revolução, por transformações biopsíquicas que, por vezes, provocam também vivências de tonalidade depressiva, já que compreendem perdas e o confronto com o novo: um novo corpo que, deixando para trás a indefinição, passa a ser exigido em força, vigor, destreza, habilidade e capacidade.

Nessas várias travessias (verdadeiros rituais de vida), encontramos, em geral, elementos de identificação que são parâmetros a acenar para a construção de projetos que acreditamos fazer parte do futuro.

Memória e vivificação do passado

Em contrapartida, se o envelhecer for acompanhado da vivificação do passado, pode tornar-se fonte propulsora de renovação e redescoberta. Lembro-me de uma visita que realizei com um grupo de amigos à casa da poetisa e doceira Cora Coralina, em Goiás Velho, no ano de 1982. Mulher simples e carismática, tanto por sua arte de poetar, cozinhar entre outras, como por sua autenticidade e generosidade. No fim da visita, cada um de nós, ao adquirir um livro da poetisa, desejava um autógrafo. A todos surpreendeu a maneira como ela procedeu: antes de autografar, Cora Coralina manteve uma conversa privada com cada um de nós. O que ela escreveu em meu livro guardo com muito carinho, e até hoje reverbera como uma vivificação de minha memória familiar: "[...] Fernando Rocha – A vida é boa e nós podemos fazê-la sempre melhor. E o melhor da vida é o trabalho. Você tem, além da força de sua mocidade, um potencial imenso de apoio – A Rocha do seu nome. Nas aperturas da vida, lembre-se dela".

Poetando a vida, Cora Coralina faz lembrar o sentimento de rejuvenescimento ou de eternização do homem, possível, nesse caso, por meio da arte – forma de ultrapassar o tempo –, busca tão bem atestada pelos antigos mitos.

Meu tempo passou... não! Meu tempo é esse.
(Mário Lago).[6]

---

[6] Mário Lago, por João Máximo em artigo do jornal *O Globo* – Segundo Caderno, Rio de Janeiro, 23 mar. 2006.

Por não visar ao futuro, no envelhecimento pode-se ter uma visão das experiências vividas somente como um passado perdido, um passado para sempre morto, como um velho álbum de fotos no qual, ao mirá-lo, só se reconhece a estaticidade, a paralisia, o mofo. Mas esse *passado* pode ser vivenciado de outra maneira: como uma memória em movimento. Movimento que permite uma vivificação do passado. Movimento que permite o passeio pelo tempo. Um tempo enriquecido, em que a perda do tempo é transformada num novo tempo. Um tempo enriquecido pela vivacidade das experiências que há muito deixaram de ser simplesmente coisas do passado, ou frustrantes projeções para o futuro, para se manterem como histórias que compõem o presente. Um presente que, abandonando a perspectiva de projetos individuais, se agrega a projetos coletivos, capazes de provocar experiências de reviver sonhos do passado, estimulando a sensação do rejuvenescer.

Uma memória que traz o tempo passado não como nostalgia, mas como transporte que possibilita a revivência, ou um viver de novo no tempo. Uma memória viva que faz de cada um contador de histórias. Histórias que não são prisioneiras do factual, mas do sentimento das vivências, portanto, fora do tempo cronológico. São fragmentos de histórias que, se mantendo vivas, constituem matéria-prima para a criação.

Portanto, a criação-recriação se faz com o que se é e o que se tem internamente. Como renovação do que aparentemente estava adormecido.

Zeferino Rocha (2005) em seu rico trabalho *Esperança não é esperar, é caminhar* nos mostra que para Heidegger o tempo seria o inter-relacionamento do passado e do futuro na dinâmica do presente. Nesse caso, seria abolida a noção de tempo como sucessão linear de agoras, em que o passado é definido como um "nunca mais". O passado se alimentaria do vigor do presente, pois "o que fomos não deixa de estar presente naquilo que somos". Heidegger designaria essa apresentação do passado no presente como "o vigor de ter sido". No comentário de Zeferino Rocha (2005, p. 12), nesse vigor reside uma força de *atualização*, expressão das forças ativas do passado – que, como tal, resistiriam ao novo – e as forças do presente, que se projetam no que *está por vir*. "Portanto, no instante do nosso presente, há uma luta entre o que se impõe como novidade às forças do nosso já constituído e uma abertura para o futuro, na qual se projeta o que se espera, o que está por-vir (*Zukunft*), mas que já está presente como projeto."

Haveria, assim, uma "dialética da existência" na qual ao "não mais" – decorrente da morte das possibilidades – se contrapõe o "ainda não" – como *tempo da esperança*: "o 'ainda não' da esperança volta-se para o futuro, mas sem deixar de fincar suas raízes no presente, como *solo revigorado do ter sido*, tempo de nossas decisões e escolhas. E é isto que distingue a esperança de uma simples quimera" (ROCHA, 2005, p. 13).

É nessa dinâmica temporal, marcada pela "esperança", que o envelhecer pode ser vivenciado, como conjugação de habilidades exercidas no passado com a capacidade de manter atuais os sentimentos e as experiências de amor, amizade, solidariedade, possibilitando o despertar e o sustentar do movimento criativo.

Como bem escreveu Drummond: "A cada dia que vivo, mais me convenço de que o desperdício da vida está no amor que não damos, nas forças que não usamos, na prudência egoísta que nada arrisca. E, esquivando-nos do sofrimento, perdemos também a felicidade".

O envelhecimento talvez possa ser metaforicamente comparado ao que Cartola poetou em sua composição *O inverno do meu tempo*, na qual diz que "os sonhos do passado no passado estão presentes no amor que não envelhece jamais". De outra maneira, Paulinho da Viola também reafirma essa noção de passado no presente, quando lembra: "Não sinto saudades porque não vivo no passado; o passado é que vive em mim".[7]

Assim, revitalizado, o passado atualiza-se no presente. Num presente que necessita ganhar expressão em cada história de vida, em cada corpo: corpo-mão, corpo-pé, corpo-voz, corpo-mente, corpo-olho e corpo-memória. A possibilidade de criar a partir do que se tem confere vigor a cada vida, pois confirma o seu encantamento, o que nela há de desconhecido e mágico. Magia que possibilita "criar a criação".

"Viver a vida pela vida", como disse Darcy Ribeiro numa entrevista: "Eu me exerci de várias formas. Se me exercesse só como político ou só como educador, teria mais profundidade no que faço, mas vivi a vida pelo gosto de viver, porque viver é gostoso. Exercer papéis diferentes permite que você enxergue melhor" (GOLDFELD, 1997).

O que torna a vida difícil não é a realidade, mas a negação desta. Assim, a tristeza provocada pelo envelhecimento só se torna patológica quando negamos a crueza da vida. E nada melhor para evitar essa negação do que as experiências de criatividade. Como lembra o filósofo Heine, "Deus criou o mundo para não adoecer".

---

[7] Citação de Zuenir Ventura no Jornal *O Globo*, Rio de Janeiro, 19 de agosto de 2000.

A música como elaboração criativa no envelhecer

É muito simples: eles e elas estão cantando. Eu sempre pensei, escrevi e disse: aquilo que um ser humano é capaz de fazer, todos podem fazer. Se Pelé é o maior jogador do mundo, eu também posso chutar: tenho pés e cabeça, ora! Não farei mil gols, como ele, mas darei meus passes, meus dribles.

(Palavras de Augusto Boal no primeiro programa do espetáculo Chuveiro Iluminado, Rio de janeiro, 1999).

Assim, qualquer experiência de criação pode conduzir a uma vivência de "júbilo" e reencontro com a vida. Pela especificidade da música, esta mereceu o elogio de alguns filósofos que, como Nietzsche, a privilegiaram. "Mas é igualmente evidente que o sentimento jubiloso do ser, o prazer de existir estão presentes em muitos, independentemente de qualquer interesse musical", dirá Nietzsche (*Apud* Rosset, 2000).

Nesse sentido, a música, pelo que possibilita como elaboração criativa, como horizonte vital, envolve e facilita um renascer tanto para aquele que é o interprete como para aquele que é o espectador. Para este último há o deleite propiciado pela sonoridade, pelo ritmo, em que cada nota, som, palavra são evocadores de memórias que logo abandonam seu lugar de passado e ingressam no presente.

Um desses exemplos vem sendo a minha experiência no grupo "Cantores do Chuveiro". Tudo começou com um grupo de amigos que se reunia para cantar "músicas de sempre". Numa dessas reuniões, depois de uma cantoria que varou a madrugada, Augusto Boal, que participava naquela noite, disse: "Vocês deviam fazer um *show* pra valer". As pessoas riram da "brincadeira", mas uma delas levou a sério e disse "Nós temos que fazer esse show". Logo se pensou em quem iria participar e convidou-se um músico para fazer a direção musical. Boal sugeriu que o *show* se chamasse *Chuveiro Iluminado*, em alusão engraçada aos que cantam no chuveiro. À medida que íamos nos encontrando, ensaiando com a ajuda do experiente diretor do Teatro do Oprimido, o *show* foi tomando corpo e, com êxito, foi lançado no porão do teatro Laura Alvin.[8] Após o Teatro Laura Alvin fomos cantar em Paris, no Theâtre L'Epée de Bois, com sucesso. A música em cada um dos componentes do grupo, cuja faixa etária oscilava entre 50 e 75 anos, teve uma repercussão muito positiva.

O prazer de cantar, de dividir emoções durante e depois do espetáculo denotou a satisfação vivida por cada componente do grupo. O que surpreende é o fato de se tratar de um espetáculo que iniciou sem nenhuma pretensão, mas logo passou a fazer sucesso de público. O *show* atraiu, inicialmente, as pessoas de terceira idade, que nos saudavam e abraçavam como se fizéssemos parte também da história delas. Posteriormente, cativou o público em geral.

---

[8] Assim foi apresentado esse show numa reportagem de capa do segundo caderno de O Globo de 08 de março de 1999: "Eles não podem ser considerados exatamente oprimidos. Mas são as novas apostas de Augusto Boal. Em um primeiro momento, é verdade, a cena beira o surreal. Pois o diretor – criador do Teatro do Oprimido, responsável por espetáculos como o mitológico Arena conta Zumbi – comanda há dois meses um elenco sui generis em que pontificam as vozes poderosas dos psicanalistas Fernando Rocha, Suzana Tonin e Cecília Boal, dos diplomatas Afonso Arinos de Mello Franco e Sylvia Waschner, da crítica Laura Sandroni e do jurista Octavio Mello Alvarenga. Pois esses gogós nobilíssimos estarão se apresentando ao público a partir do dia 12, no porão da Casa de Cultura Laura Alvin, em Ipanema, em um espetáculo musical que não poderia ser mais bem batizado: Chuveiro Iluminado. Os ensaios abertos a preços populares (R$ 5,00) acontecem hoje, às 21h30 e amanhã às 20h30" (Eduardo Graça).

Em seguida, sob a batuta do escritor e competente pesquisador musical Ricardo Cravo Albin, o grupo apresentou um espetáculo que teve como título *Cantores do Chuveiro – 100 anos de MPB*. Realizamos também, sob a direção de Eduardo Dussek, um *show* sobre as músicas tocadas e cantadas no cinema nacional, que se intitulou *Luz, Chuveiro, Ação!* Nossa última apresentação, iniciada em outubro de 2007, e que também teve a direção de Ricardo Cravo Albin, chamou-se *Quem canta faz a hora* (com músicas de protesto).[9]

Nunca vou me esquecer de um momento em que os "Cantores do Chuveiro" se apresentaram no Sesc de São João do Meriti: ao final do espetáculo as pessoas cantavam conosco. Após os aplausos finais, uma senhora subiu ao palco e disse com humor e emoção: "Amanhã as farmácias de São João de Meriti vão ter prejuízo. Este *show* é o nosso melhor remédio!".

O grupo, com algumas variações em sua composição, é formado de cantores que não fizeram do canto uma primeira opção profissional. No entanto, certamente, nenhum deles gostaria hoje de se ver fora da música. É como se essa atividade sempre tivesse feito parte da vida de cada um.

Na atualidade, o grupo movimenta-se para render homenagem a Augusto Boal e comemorar seus dez anos de existência com a reapresentação em inícios de 2010 de seu *show* inaugural *Chuveiro Iluminado*.

---

[9] Desse espetáculo fizeram parte como cantores: Clara Redig, Fernando Rocha, Laura Sandroni, Octávio Brandão, Maria Helena Alvarenga e Paulo César Correa Lopes.

Também, como possibilidade de resgate do passado, tornando-o presença-presente, cito o trabalho realizado na gravação do meu CD *Um brasileiro à Paris*. Nele, cada música interpretada é o movimento com o qual torno minha vivência de dez anos em Paris presença, ainda presente e viva, a despeito do transcorrer do tempo cronológico já vivido após meu retorno ao Brasil. Se nesse trabalho musical tentei resgatar memórias dos dez anos que vivi em Paris, o trabalho com o CD *Palavra Nordestina* foi a maneira que encontrei para re-visitar a infância e a adolescência pernambucanas.

Essas várias experiências são "viagens sonoras" que revitalizam o que se poderia chamar de "tempo perdido".

Atualmente estou em processo de gravação de um novo CD, desta vez sobre a música de Dorival Caymmi.

Referindo-se à "essência da alegria musical", Clément Rosset (2000) escreve:

> É evidente que em Nietzsche, como em outros, a música é o momento do mais intenso júbilo vital, gozo comparável e superior a qualquer outro gozo físico e psíquico, notadamente sexual. [...] A alegria de ser culmina na expressão musical, momento em que se encontra a suprema e última realização. Para outros, isso se passa de modo diferente, e não há, naturalmente, lugar para deduzir daí um júbilo menor.

Júbilo talvez comparável ao rejuvenescimento das águias, no antigo mito da cultura mediterrânea. Conta o mito que de tempos em tempos, a águia, como a fênix egípcia, se renova totalmente. Por voar cada vez mais alto, até chegar perto do sol, suas penas se incendeiam e ela se lança qual flecha nas águas frias do lago. A experiência de fogo e de água propicia à velha águia rejuvenescer, voltando a adquirir novas penas, garras afiadas, olhos penetrantes e o vigor da juventude. Leonardo Boff associa esse mito ao Salmo 103, que diz: "O Senhor faz com que minha juventude se renove como uma águia".

Mas podemos também associar o rejuvenescer da águia com o ato de entregar à morte o velho que em nós habita e que não nos engrandece: os hábitos e as atitudes que não nos dignificam, como a falta de solidariedade, o desinteresse pelo bem comum, a vontade de ter razão e vantagem em tudo, ou mesmo o desrespeito para com os seres vivos, além do homem. Somente quando entregamos esse velho à morte é que podemos renascer e rejuvenescer tal como a águia: recomeçar, podendo ouvir o novo, aprender com o velho e revisitar o passado.

Assim, neste campo de luta, entre o "não mais" que será instalado pela morte e o "ainda não" que se abre como tempo da esperança, tal como escreveu Zeferino Rocha (2005), "o homem é um peregrino e seus pés não se cansam de criar novos caminhos, pois seu destino é caminhar e sua alma é uma 'alma viageira'. Por isso, o fim a que chega em cada etapa de sua grande viagem é de onde ele sempre está partindo para novas estradas e para novas aventuras".

Referências Bibliográficas

BAUMAN, Z. *O mal-estar da pós-modernidade*. Rio de Janeiro: Jorge Zahar Editor, 1998.

BEAUVOIR, S. *A velhice*. Rio de Janeiro: Nova Fronteira, 1990.

BOFF, L. *O despertar da águia*. 9ª ed. Rio de Janeiro: Vozes, 1999.

ELIADE, M. *Tratado das crenças e das religiões*. Lisboa: Cosmos, 1970.

ELIAS, N. *A solidão dos moribundos*. Rio de Janeiro: Zahar, 2001.

FERRAZ, C. F. *Tempo e ato na perversão*. São Paulo: Casa do Psicólogo, 2005.

FREUD, S. (1915) *Reflexões para os tempos de guerra e morte – II*: Nossa atitude para com a morte. Standard Brasileira das Obras Psicológicas Completas de Sigmund Freud. Rio de Janeiro: Imago, 1969.

GOLDFELD, Z. *Encontros de vida*. Rio de Janeiro/São Paulo: Record, 1997.

LINS, M. I. A.Ver-se e ser visto na terceira idade. Em: MONTEIRO, Dulcinéa da Mata (Org.). *Dimensões do Envelhecer*. Rio de Janeiro: Revinter, 2004.

PERES, M. R. S. *O homem e as marcas do tempo*. 2004. Dissertação (Mestrado). Viver e conviver com a idade — Universidade de la Habana, Cuba, agosto de 1999. Em: MONTEIRO, Dulcinéa da Mata Ribeiro (Org). *Dimensões do envelhecer*. Rio de janeiro: Revinter, 2004.

QUINTANA, M. *Antologia poética*. Porto Alegre: L&PM, 2003.

ROETZLER DE CASELLA, A. S. *O idoso diante da morte*. Dissertação (Pós-graduação em Geriatria Clínica). Rio de Janeiro: Hospital Pró-cardíaco, 2009.

ROCHA, Z. *Freud*: Aproximações. Série Estudos Universitários. Editora Universitária – UFPE. Recife: 1993.

_____. *Esperança não é esperar, é caminhar*. Reflexões sobre a esperança e suas ressonâncias na teoria e clínica psicanalíticas. Conferência na Abertura do X Encontro Psicanalítico do Centro de Pesquisa em Psicanálise da Cidade do Recife, maio de 2005.

ROSSET, C. *Alegria* – A Força Maior. Rio de Janeiro: Relume Dumará, 2000.

NÃO NASCEMOS PARA MORRER, MORREMOS PARA RESSUSCITAR

Leonardo Boff[1]

O sentido que damos à morte é o sentido que damos à vida. E o sentido que damos à vida é o sentido que damos à morte. O sentido que damos à vida está ligado a uma totalidade maior que se chama cultura. Por isso há tantos sentidos de vida quantas culturas humanas existem.

1. A morte como experiência cultural

Para os índios bororos do Mato Grosso a vida é soberana. Mortos e vivos estão sempre juntos. Os mortos não são ausentes. São apenas invisíveis. Por isso morrer não é nenhuma desgraça. É só passagem para o outro lado da mesma vida.

Para nós, ocidentais modernos, a vida é tudo. A morte é ruína. Não deixa nada. O outro lado representa uma interrogação aberta. Não temos elaborado nenhuma projeção

---

[1] Leonardo Boff é um dos mais conhecidos teólogos da libertação. Professor emérito de Ética pela Universidade Estadual do Rio de Janeiro, escreveu mais de 60 livros nas áreas de teologia, espiritualidade, ecologia, filosofia, antropologia e mística. Sua última obra, a ser lançada em breve, intitula-se: *Cuidar da terra, salvar a vida:* como escapar do fim do mundo.

singular da morte. Apegamo-nos às várias interpretações que se apresentam no mercado das tradições culturais: reencarnação, aniquilação, subsistência da alma, diluição nas energias cósmicas, ressurreição etc.

Para os gregos, o sentido autêntico da vida se dá só no além morte, no mundo da pura espiritualidade. Morremos para viver mais e melhor.

Por isso Sócrates morre feliz. Penaliza-se com os juízes que o condenaram porque, pobres, continuavam vivos, no cárcere da matéria. O espírito na morte se liberta finalmente do corpo para ser totalmente ele, em sua pura espiritualidade.

O militante cristão comprometido com a libertação dos sem-terra não teme o assassinato pelos latifundiários. Entende a vida como lugar de realização da utopia do Reino de Deus, que é de vida e de liberdade seminal aqui e plena na eternidade. A morte é passagem para a plenitude do Reino. Ela é desdramatizada. Pois no momento da morte se dá logo a ressurreição. Por isso, dizia o poeta e místico dom Pedro Casaldáliga: "a alternativa cristã é esta: ou a vida ou a ressurreição".

Tempos de religiosidade intensa e tranquila são tempos de metafísica. São as religiões que trabalham historicamente as grandes crises existenciais, pessoais e coletivas. São elas que formulam respostas às grandes indagações do ser humano, geralmente, sob a forma de grandes mitos e símbolos poderosos que falam da vida para além desta vida. Nessas circunstâncias a morte vem decodificada e inserida numa teia de sentidos globalizantes.

Eis uma questão crucial: como fica a temática da morte para os nossos tempos, que diluíram todas as referências estáveis de sentido, submeteram as religiões à suspeita acrisoladora, conscientizaram os mitos (e então deixam de ser mitos) e relativizaram todos os modelo de leitura do mundo? A morte é relegada a um problema da subjetividade individual. Cada qual tem que se haver com ela. Ninguém pode ser substituído em seu morrer. Cada um deve lhe conferir uma significação ou negar qualquer esperança para além deste mundo. Vivemos entregues a nós mesmos, numa imensa orfandade espiritual.

Os grandes mitos e as representações clássicas de uma vida-além-morte (criar representações é fazer metafísica) não são mais considerados fenômenos evidentes e aceitos culturalmente por todos como valores indiscutíveis. Esse fato se revela pela atmosfera de vazio espiritual, de angústias, de experiências de absurdo e de outros distúrbios psicossociais. São tempos trágicos. Falta um norte.

Tramontou a estrela-guia.

Nessas conjunturas culturais, como podem os cristãos mediatizar sua esperança numa vida para além da vida? Como conferir credibilidade à profissão de fé do credo: "creio na ressurreição da carne e na vida eterna"?

Somente após um discurso racional que acolha as indagações do espírito dominante do tempo e retrabalhe alguns dados antropológicos de grande consenso, podemos dizer o nosso "Amém". É o que me proponho nesta breve reflexão.

2. O ser humano: não um círculo, mas uma elipse

O ser humano é uma totalidade inserida ecologicamente dentro de outra totalidade maior que é o universo a nossa volta. *Membra sumus corporis magni*, já diziam os estoicos ("somos membros de um grande corpo"). Tudo ocorre dentro de um imenso processo de evolução. Nesse processo tudo vem regido pelo equilíbrio entre a vida e a morte. A morte não vem de fora. Ela se encontra instalada dentro de cada ser. Numa compreensão evolucionista do cosmos, uma vida sem a morte é totalmente impensável. A vida é mortal. Sua estrutura é assim organizada e vai desgastando-se, lentamente, até acabar de morrer. Entretanto, o equilíbrio não se desfaz. Outras vidas virão. "Mors tua, vita mea" ensinavam os antigos sábios ("a tua morte é a minha vida").

Nessa perspectiva a morte não é, como pensam os cristãos, consequência do pecado. Ela preexistia ao pecado humano. Consequência do pecado é a forma concreta como experimentamos a morte. Não mais como um dado natural, mas como algo antinatural como incerteza traiçoeira que produz a angústia e como perda irrefragável da vida. Essa situação existencial entrou na consciência porque a humanidade, na compreensão judaico-cristã, não soube acolher a vida mortal como dom divino, a se manifestar também como dom aos demais no amor e na amizade. Pecado consiste em querer viver só "para si mesmo" (cf. 2Cor 5,15). A solidão no lugar da solidariedade faz com que a morte seja vivenciada como assalto e destruição da vida. A solidão do lado de cá faz suscitar a ideia da solidão do lado de lá. Daí o medo e até o pavor da morte.

Mas pode ocorrer o fato de a pessoa assumir a mortalidade da vida e se mostrar fiel ao chamado inscrito dentro dela na direção da comunhão e do amor. Essa pessoa não teme a morte. Ela faz parte da vida sem destruir a vida. É antes irmã que bruxa. Esta pode morrer cantando como São Francisco: "vem, irmã, irmã morte! Leva-me à fonte da vida! Conduze-me ao coração do Pai de bondade! Introduza-me no seio da Mãe de infinita ternura"!

Concretamente, para além de qualquer interpretação ulterior, o ser humano se descobre como um nó de relações voltado para todas as direções (SAINT-EXUPÉRY). Sua essência reside na capacidade de relação, ilimitada, indefinida, sempre aberta. Essa capacidade de relação, quando considerada a partir da subjetividade, emerge como uma energia vital sempre desperta. Chamem-na libido, eros ou princípio-esperança ou kundalini (a força da serpente em sânscrito), ou karma-carisma, pouco importa. Essas denominações dão conta da inarredável pulsão que habita o ser humano, homem e mulher, fazendo-o um ser em abertura, sempre insatisfeito, sempre projetando, sempre buscando novos equilíbrios, sempre mergulhando no universo de sua interioridade, sempre fazendo a experiência abraâmica de sair para o desconhecido na busca do novo e ainda não experimentado. Se assim não fora, como explicar que deixamos, não apenas nós modernos, mas também os indígenas, as cavernas e chegamos à casa humana? Por que abandonamos a terra e buscamos as estrelas?

Por outro lado esse nó de relações se concretiza na estreiteza de um espaço e de um tempo. A pulsão é ilimitada, mas só se realiza limitadamente. Nunca vigora uma adequação entre o impulso e sua expressão. Em razão disso, o ser humano jamais é um círculo em sua esplêndida perfeição e adequação entre todos os pontos. Ele, homem e mulher, se apresenta na figura de uma elipse. Tem dois polos compondo uma mesma figura. Nele percebemos duas curvas existenciais.

No primeiro polo da elipse realiza-se a exterioridade humana. É a curva biológica. Como qualquer outro ser da biosfera, ele cresce, se desenvolve, chega ao seu clímax vital, desce a montanha da vida e morre. Começa a vida como uma enorme bagagem energética. Mas ela, devagar, em prestações, vai se desgastando até se consumir. Vale dizer, o ser humano ao nascer começa a morrer. Vai morrendo lentamente. Até acabar de morrer. De pouco valem os mil estratagemas de prolongamento da vida. Chega o momento em que mesmo a pessoa mais velha do mundo tem que morrer. Simone de Beauvoir em seu romance *Tous les hommes sont mortels* (1946) mostra o absurdo de uma vida mortal como a nossa ser imortalizada. Iríamos infinitamente envelhecendo sem jamais poder morrer, como nos velhos bons tempos. É o inferno, porque nada deste mundo satisfaz a estrutura do desejo que habita famintamente o ser humano insaciável. A morte pertence a nossa vida humana, por mais que o eu profundo queira vida e mais vida, a eternidade da vida.

Entretanto, o ser humano se realiza também no outro polo da elipse. É a curva pessoal, sua interioridade. A dinâmica da interioridade é inversa da exterioridade que acabamos de acenar. A bagagem inicial de um feto recém-concebido é minúscula como uma semente. Mas ao crescer, ela principia lentamente a se desenvolver. As manifestações do inconsciente pessoal e coletivo começam a emergir.

A consciência irrompe, a sensibilidade se difunde, a vontade se perfila, o coração se encontra com o pulsar de outros corações.

Está em si, mas também e permanentemente fora de si, nos outros, no mundo, nas estrelas, no coração de Deus. E esse crescimento na compreensão das coisas, na vontade de entrar em comunhão com elas, na busca da perfeição, do belo e do virtuoso não tem limites, nem fim. Podemos crescer indefinidamente. Jamais será lícito dizer: "até aqui te amei, para além não te amarei mais; até aqui busquei a perfeição, não busco mais perfeição nenhuma". Essas realidades não padecem de barreiras. Elas tendencialmente podem crescer mais e mais. O céu é o limite.

A primeira curva, a biológica, vai decrescendo e morrendo até acabar de morrer. A segunda curva, a pessoal, vai nascendo e crescendo até acabar de nascer.

O ser humano concreto é a coexistência dessas duas curvas. Unidade tensa e dialética, jamais adequadamente equilibrada. Por um lado, se centra sobre si mesmo no intento de conservar sua carga energética e vivendo o mais longamente possível. Por outro, se descentra de si mesmo, indo ao encontro dos diferentes, podendo assumir a perspectiva dos outros e reforçando até seus interesses contrários aos seus pessoais.

A tradição filosófica do Ocidente chamou essa unidade composta do ser humano de corpo e alma. O ser humano é um corpo animado ou uma alma corporificada. Em sua compreensão originária (ao contrário da representação decadente posterior que coisificou corpo e alma, contrapondo-os), corpo é o ser humano todo inteiro (portanto, corpo mais alma, homem e mulher), enquanto se realiza na curva biológica, enquanto preso às estreitezas da condição terrestre, espaço-temporal. Alma é, por sua vez, o ser humano todo inteiro (portanto, corpo mais alma, homem e mulher), na medida em que se realiza na curva pessoal, enquanto vem habitado por um tropismo insaciável que o leva a buscar em tudo o infinito, o ilimitado, o eterno.

O ser humano concreto é a unidade tensa, difícil, irredutível dessas duas curvas e desses dois polos da elipse humana. Corpo não é algo que o ser humano tem, mas uma realidade que ele é. Portanto, deve-se falar em homem/mulher-corpo. Entretanto, apesar de sentir o corpo como meu corpo e, portanto, parte do meu eu, percebo também que não sou totalmente definível por ele. Não me sinto nem totalmente identificado com ele, nem totalmente distinto dele. Sou meu corpo, mas também mais que meu corpo. Pelo corpo estou no mundo, sou parte do mundo, mas também me sinto para além do mundo, pelo desejo, pela inteligência, pela vontade e pelo coração.

Algo semelhante deve-se dizer da alma. Não tenho alma. Sou alma. Alma é minha totalidade enquanto se sabe enraizada. Mas porque se sabe enraizada, está também para além desse enraizamento. A alma transcende qualquer determinação. Devemos, pois, falar de homem/mulher-alma.

Um poeta moderno alemão expressou bem o que significa o ser humano enquanto alma: "Um cão que morre e que sabe que morre como um cão e que pode dizer que morre como um cão: eis aí um ser humano" (E. FRIED, WARNGEDICHTE).

Esse saber de si faz com que o cão transcenda o seu ser-cão. Transcender é o que faz a identidade do ser humano enquanto alma. Não é estar fora do mundo. É estar no mundo para além dele. Consiste em abrir sempre uma brecha em toda a realidade e ver para além dela.

Pertence, pois, ao ser humano estar no mundo e ser mundo, como pertence a ele também estar para além do mundo e entrever o outro lado do mundo. Essa é uma fenomenologia realizável por qualquer pessoa.

3. *Non Omnis Moriar:* não morremos totalmente

Se assim é a estrutura humana, o que ocorre quando acontece a morte? Que significa morte nessa compreensão?

Há os que definem a morte como separação entre corpo e alma. O corpo vai para a sepultura e a alma para a eternidade. Neste caso, a morte não é completa. Atinge apenas uma das curvas, um dos polos da elipse humana, aquele biológico. Não existe, como consideramos acima, alma desencarnada da matéria ou corpo sem ser animado. Caso contrário, não seria corpo humano. A morte não pode ser qualificada como separação entre corpo e alma, pois não há nada para separar. A unidade humana permanece, complexa e dialética.

Embora possam e devam ser distinguidos, corpo e alma não podem ser separados. Eles não são *coisas* paralelas, passíveis de dicotomização. O que se separa, na morte, não é corpo e alma, mas o tempo e a eternidade. Quer dizer, um modo de existência limitado e aprisionado a este tipo de vida espaço-temporal e o outro tipo de vida na qual o ser humano entra, caracterizado por uma relação aberta e ilimitada para com a matéria. É a relação própria de quem entra na eternidade. Eternidade não é o prolongamento do tempo ao nível do infinito. Não é uma quantidade maior, mas uma qualidade distinta, marcada pelo modo de plenitude. O ser humano na morte entra numa relação não mais restrita da matéria – a esse pedaço dela que chamo meu corpo –, mas numa relação pancósmica.

Pela morte o homem-alma não perde sua corporalidade. Esta lhe é essencial. Por conseguinte, não deixa o mundo. Assume-o de forma mais radical e universal. Não se relaciona apenas com alguns entes, como quando vagava por este mundo nas malhas espaço-temporais. Mas com a totalidade do cosmos, dos espaços, dos tempos. Ao morrer, a pessoa entra no coração do universo, para aquela dimensão de todas as coisas, onde tudo se relaciona com tudo e a partir de onde o universo se mostra como um único universo na pluralidade de suas energias, de suas leis e de seus entes.

Morrer é como nascer. A pessoa, ao nascer, passa por uma perigosa crise. Esgotam-se as possibilidades do seio materno. A criança tem que nascer senão morre. Deixa tudo atrás de si. Mas entra numa dimensão maior do que aquela que lhe tocava viver na placenta da mãe. Ao morrer, de forma semelhante, o ser humano entra numa derradeira crise. Extenuam as possibilidades da vida biológica e espaço-temporal. Deixa o conjunto das relações que estabelecia com este mundo, com a sociedade e com a família. Entra num outro tipo de relação agora com a totalidade.

Não era essa totalidade que o homem-alma buscava no sono e na vigília? Não constituía o dinamismo maior de sua interioridade exatamente a ânsia de plenitude e de eternização de todas as experiências fundamentais? O nó de relações para todas as direções agora pode se atualizar sem limites e sem frustrações. Com a morte caíram todas as limitações. Não há porque o homem/mulher-alma não viver em plenitude real aquilo que almejava em plenitude potencial. O desejo que possui uma estrutura de infinito encontrou, finalmente, sua plena e legítima satisfação.

Com razão podemos considerar a morte o *vere dies natalis* (o verdadeiro dia de natal) do ser humano. Ele vinha nascendo há milhões de anos. Na medida em que a matéria ascendia, ela também se enrolava sobre si mesma, quer dizer, se interiorizava. Quanto mais se interiorizava, mais se tornava consciente. Quanto mais se tornava consciente, mais também se abria para dentro e para fora, para novos mundos da arqueologia interior e da arqueologia exterior, para horizontes sempre abertos até polarizar-se no Absoluto. Com a morte, o ser humano acaba de nascer.

Morrer assim é uma benção da vida. Não morrer é condenar-se a ter sede sem nunca poder encontrar a água borbulhante. Ter fome e jamais poder saciar-se. Ser botão e jamais poder desabrochar. Ser botão desabrochado e não poder, nunca mais, amadurecer, perfumar e alegrar todo o universo.

4. A plena hominização: a ressurreição na morte

A teologia cristã criou uma categoria para expressar a emergência do homem novo (*novissimus Adam*, como diz São Paulo em lCor 15,45), a ressurreição. Pela ressurreição não se quer significar a reanimação de um cadáver que voltaria à vida limitada que vivia antes, ainda sob o signo da morte.

Mas se quer apontar para a absoluta realização da existência humana. Tudo se torna imediato, presente e integrado: o eu, o corpo, a alma, o cosmos e Deus. A ressurreição representa, assim, o termo do processo de hominização. Só na culminância do processo de evolução ascendente, complexificante e convergente o ser humano é plenamente humano. Somente então valem as palavras proféticas do Gênesis (cf. 1,31): "E Deus viu que tudo era bom, que tudo era belo e bom".

Essa ressurreição ocorre na morte. Pela morte acabam as coordenadas do espaço e do tempo. Por isso, não faz sentido falar de qualquer tipo de "espera" entre o agora e o final dos tempos. Para a pessoa que morre, os tempos acabaram. Começou a eternidade como um permanente presente. A ressurreição se dá na morte. Nem antes, porque ainda estaríamos no tempo, nem depois, porque já seria a eternidade. *Na* morte, enfatizamos. Isto é, naquele exato momento da passagem, quando termina o processo da vida mortal e começa o da vida plena. É mais ou menos como aquele momento em que o ponteiro do relógio salta de um segundo para outro. Esse tempo intermédio também é tempo, embora não seja medido pelo próprio relógio.

Entretanto, a ressurreição na morte não é totalmente plena. Na morte o núcleo pessoal ressuscita com todas as suas relações. Mas enquanto o conjunto das relações (é o que perfaz o homem/mulher-corpo e o homem/mulher-alma) não chegar também ele à plenitude, não podemos dizer que o ser humano está totalmente ressuscitado. O mesmo podemos dizer da ressurreição de Jesus. Enquanto seus irmãos, enquanto a história humana e cósmica não for ainda plenificada, (tudo isso faz parte de sua realidade) sua ressurreição tem futuro, não se concluiu totalmente. Só na plenitude da criação será plena.

As reflexões que estamos conduzindo fundam uma perspectiva otimista face à morte. Tiram-lhe a instância de última palavra. Elas reforçam a profissão de fé dos cristãos na ressurreição. Essa convicção se baseia antes no testemunho de um ressuscitado concreto, Jesus de Nazaré, do que nas boas razões da disquisição antropológica. A ressurreição de Cristo não é vista apenas como justificação de sua causa e glorificação de sua pessoa. Ela é, nos textos do Novo Testamento, entendida como promessa para todos os humanos. Cristo é considerado "como o primeiro dos que morreram", pois todos o seguiremos (cf. lCor 15,20; 6,14).

5. A pergunta aos insensatos: como ressuscitam os mortos?

Uma curiosidade, naturalmente, vem suscitada por nossas reflexões: como ressuscitam os mortos, como será nosso corpo ressuscitado?

Antes de tentar qualquer resposta, convém advertir acerca dos limites de nossa representação (portanto, de nossa metafísica). Por mais que transcendamos todos os limites impostos pela realidade do mundo, uma experiência da vida para além da vida permanece inacessível. Mesmo os relatos de "mortos clínicos" que voltaram a viver (veja as publicações de Elisabeth Kübler-Ross [*On Death and Dying*, N.Y., 1969] ou de Raymond A. Moody [*Life after Life, Covington*, Ga., 1975]), por mais espetaculares que sejam, situam-se ainda no âmbito do experimentável e, por isso, traduzível em linguagem humana. Com razão São Paulo considera insensata essa pergunta (cf. lCor 15,35), por ultrapassar nossas possibilidades de representação.

Nem por isso, nos dispensamos de balbuciar alguma representação a respeito dela. São Paulo, em sua primeira epístola aos Coríntios, se ocupou dessa questão (cf. lCor 14,35-58). Ali tentou, à luz do evento do Cristo ressuscitado, projetar alguma imagem. Criou a expressão *corpo espiritual* [*sóma pneumatikón*], em lCor 15,44, para expressar a realidade do ser humano ressuscitado. Corpo espiritual significa o homem/mulher-corpo (portanto, inserido no tecido das relações com o mundo) que ganha as características do homem/mulher-alma (capaz de desejo infinito, de transcender a todos os limites e estar em Deus).

Pela ressurreição nossa realidade concreta (corpo) ganha as características da alma-espírito. Pelo espírito estamos nas estrelas, superamos todas as distâncias, penetramos no coração do universo e comungamos com Deus. Pela ressurreição, nosso corpo (homem/mulher-corpo), sempre preso a esse tipo de mundo, vê-se libertado. Acompanha o espírito (o homem/mulher-espírito). Goza de uma plena ubiquidade cósmica. Participa do modo de ser do próprio Deus, que a Bíblia chama de "Espírito", contraposto à "carne", modo de ser das criaturas, inclusive do ser humano. Enquanto Espírito, Deus está presente em tudo e tudo penetra. Pela ressurreição o ser humano passa do modo de ser carnal para o modo de ser espiritual. Portanto, participa de Deus e da vida própria de Deus. Essa passagem se chama teologicamente de ressurreição e emergência do "Adão novíssimo" (cf. lCor 15,45). A ressurreição tira os limites de nosso desejo, realiza-o e lhe confere o modo de plenitude. É a divinização da humanidade ou a humanização da divindade.

Enriqueçamos ainda essa ideia de ressurreição. O corpo significa também nossa identidade essencial que sempre está ligado ao mundo. O mundo (o conjunto das relações) nos marca e nós marcamos o mundo. As duas curvas se entre-cruzam: o ser humano exterior afeta o ser humano interior e vice-versa. Nesse jogo vamos construindo nossa identida-de. Corpo não é um conjunto de moléculas animadas, das energias ou chacras. É tudo o que o ser humano acumulou e teceu com as mais diferentes realidades com as quais se confrontou. É a história pessoal, intrincada com a social e a cósmica. Assim como na íris dos olhos, nas linhas das mãos e nos sulcos do rosto detectamos a história pessoal de cada pes-soa; na vida, o mundo que marcamos entra na composição de nosso corpo. As lutas, as alegrias, as lágrimas, o grito da vitória, as chagas dos embates (cf. Jo 20,21, as chagas de Jesus conservadas no corpo ressuscitado), a festa com os amigos, o beijo do amor e o abraço da amizade, a marca que deixamos nas coisas, a paisagem querida, o lar, a terra natal, o lugar do encontro do amor da vida, a imagem que projetamos, nossos ideais que nos mobilizaram e entusiasmaram a outros, tudo isso e ainda mais pertence ao que significa nosso corpo.

Ora, pela ressurreição essa realidade é levada a sua plenitude. Mas não só o homem/mulher-corpo. Tam-bém o homem/mulher-alma, grávido de possibilidades e potencialidades das quais somente algumas puderam se realizar no decurso temporal de sua existência, pela ressurreição se vê plenificado.

Morrer e ressuscitar na morte não pode significar, portanto, a transmigração da alma para Deus. É a che-gada da totalidade do ser humano que inclui o cosmo, as relações sociais e tudo o que entrou na constituição de nossa identidade de homem/mulher-corpo e de ho-mem/mulher-alma em Deus, fonte de toda beatitude e potenciação de todo ser. Com a ressurreição na morte, uma porção do mundo personalizado no ser humano chega lá, no cume, a seu ponto ômega.

Como se depreende, a ressurreição é um processo que vai se dando ao largo da vida. Vamos lentamente ressuscitando, inversamente à queda de um paraquedas (morte) que devagarinho vai caindo. Na morte a ressurreição explode e implode e permite à vida humana uma trajetória distinta, mais alta e mais plena. Não fora do mundo, mas assumindo o mundo numa comunhão inefável com Aquele que é vida e fonte de toda vida.

Destarte, morrer não é caminhar para um fim-limite. É peregrinar para um fim-meta. Por isso, contrariamente aos nossos existencialistas, nós não vivemos para morrer. Nós morremos para ressuscitar. Para viver mais e melhor.

DEPOIMENTOS

A INTELIGÊNCIA VENCE A FORÇA: REFLEXÃO DE UMA CRIANÇA

Francisco Oromi Reinaldo de Souza[1]

Como qualquer ser vivo, os idosos também nascem, se reproduzem e morrem. Mas nesses três estágios está presente o envelhecimento: uma etapa por que todos nós passamos, mas que atinge com maior vigor os idosos. Não se sabe quando o envelhecimento começa; apenas se sente quando a velhice chega. As pessoas da terceira idade são as mais inteligentes e têm mais experiência, mas nem sempre são tratadas com o devido respeito, porque são consideradas talvez inferiores para alguns de mau-caráter. Mas aos olhos de outros é essa a idade mais importante. Esses olhos podem ser de crianças, adultos e até dos falados idosos. Obviamente esses têm suas dificuldades e algumas são iguais ou parecidas com as de uma criança; já os adultos têm uma liberdade maior, por isso é esse o momento da vida mais desejado por todos.

---

[1] Francisco Oromi Reinaldo de Souza é estudante e tem 12 anos. É participante ativo de fóruns de RPG e criador do blog <http://vidadeumser.blogspot.com/>.

Idosos vivem uma quantidade maior de felicidade e ao mesmo tempo de sofrimento; isso depende de seus destinos: alguns são abandonados, enquanto outros têm a grande sorte de percorrer sua vida em conjunto com seus familiares e pessoas de que gostam. Idosos que percorrem sua vida ao lado de sua família podem ter a sorte de ver seus netos e bisnetos crescer: isso é uma honra para qualquer um.

E enquanto vivem, os idosos podem criar sua riqueza ou aumentá-la.

As pessoas da terceira idade podem sofrer agressões, ser humilhadas, e, devido a seu estado, não têm tanta força para se defender; mas ao mesmo tempo possuem maior inteligência, pelo menos maior do que a de seus agressores, pois sabem que não vale a pena brigar; isso é o que chamamos de sabedoria.

DA CRIATIVIDADE NO ENVELHECER
Marialzira Perestrello[1]

1. O termo envelhecer

Fiquei impressionada, anos atrás, ao ler em dicionário o significado de *envelhecer*. Além do óbvio: "tornar-se velho na aparência e na idade", havia a seguinte referência: "perder a frescura, e o viço, *tornar-se desusado, ultrapassado, inútil, obsoleto*".

Então, resolvi falar e escrever algo[2] argumentando contra essas afirmações de conotação tão negativa. Mostrei que o significado de velho, envelhecer, envelhecimento, modificou-se através do tempo e do espaço e dei exemplos de quanto os idosos, bem idosos, foram valorizados, respeitados e até venerados em civilizações antigas; lembrei que para Platão, somente após certa idade – considerada avançada – um cidadão

---

[1] Marialzira Perestrello nasceu no Rio de Janeiro em 5 de março de 1916. É filha do jurista Pontes de Miranda. Médica, psicanalista, escritora. Dez livros de poemas e um romance. Dois livros psicanalíticos, organizadora e colaboradora em outros. Quarenta trabalhos publicados e atuação em congressos no Brasil e no exterior. Seu nome é verbete em duas enciclopédias. Homenageada em várias instituições.

[2] Em meu capítulo *Envelhecer crescendo* (depoimento de vida) para o livro *Dimensões do envelhecer* – Organização de Dulcineia Monteiro – Revinter, 2004.

poderia se considerar filósofo. Mostrei também que o termo "velho" utilizado como substantivo é depreciativo, porém como adjetivo pode ter conotação positiva. O dicionário de Aurélio nos dá exemplos: o velho e culto professor... o velho e competente advogado, o termo sendo usado como elogio.

A finalidade no presente artigo é provar que não são corretas as características do envelhecer dadas pelos dicionários (o que fiz questão de grifar...)

2. O que ocorre no envelhecer

No envelhecer há perdas e ganhos. No plano da estrutura física, a pessoa experimenta modificações hormonais, um decréscimo na força, um cansaço mais fácil; com a idade avançada pode-se apresentar um aparelho, um sistema, ou um órgão mais prejudicado em sua função, com perfeito funcionamento de outros. Quanto à capacidade mental, a única diminuição *necessariamente encontrada na terceira idade* é a de um tipo de memória. As outras funções mentais, a vida intelectual e espiritual podem permanecer ilesas – se não surgir uma doença.

Os idosos, em geral, queixam-se da *solidão*.

Nos dicionários latinos e brasileiros conheci significados semelhantes – com certa conotação negativa – para os termos *solidão e soledade*. A meu ver deveria haver um novo termo que significasse a solidão sem tristeza, sem amargura.

Os autores, em geral, referem-se aos *danos* da velhice; citarei, mais adiante, alguns *ganhos*.

3. É possível criatividade no envelhecer? [3]

Essa pergunta é frequente. Posso respondê-la com certo entusiasmo. De início examinaremos o termo "criatividade". Atualmente estudiosos e pesquisadores consideram a criatividade um patrimônio (potencialmente) universal do ser humano. Ela é uma capacidade inerente ao homem – não aos animais – e até mesmo pessoas simples, sem instrução e sem profissão especializada, podem expressá-la. Qualquer um pode ser criativo no modo de fazer amigos, de arrumar sua casa, na educação de seus filhos, na relação com seu companheiro. Enfim, todos podemos ser criativos na vida cotidiana, "no próprio modo de viver", como dizia o psicanalista Winnicott, ele mesmo um homem bastante criativo. Acrescento: criativo no encarar a vida, em desfrutá-la, em preenchê-la de modo positivo no convívio com outros, no doar-se ao próximo e em ter momentos de satisfação própria.

É necessário não confundir criatividade com criação. Psicanalistas (como Winnicott) e psicólogos (como Abraham Maslow – representante da Psicologia Humanista) fizeram essa diferenciação. O brincar de uma criança, o modo criativo de uma pessoa simples são exemplos de criatividade; já a criação, seja ela uma atividade artística, literária, musical, tecnológica, científica etc., é a forma de a criatividade ter se realizado, ser efetivada nesses campos, chegando, muitas vezes, a ser apontada em graus ele-

---

[3] Realizei palestras com o título do atual artigo para a Associação Psicanalítica de Nova Friburgo, ALLOS (Psicologia Clínica), em Ribeirão Preto, para a SPRJ e para as Casas de Idosos da Prefeitura do Rio de Janeiro e em São João del-Rei, ora enriquecendo o tema – com exemplos e explicações –, ora omitindo algo, de acordo com o público.

vados, embora isso ocorra com poucas pessoas. Winnicott frisou que não deveríamos confundir o termo "criatividade" com a criação exitosa e aprovada. Maslow distinguiu uma criatividade primária e uma criatividade secundária, referindo-se à efetivação, ao produto alcançado pelo ser criativo. Rollo May também tem importantes ideias sobre a criatividade. Mas voltemos à possibilidade da criatividade para o idoso: experiência bastante possível, porém, nem sempre posta em prática.

Para contradizer o significado de *velho* como "inútil, ultrapassado e obsoleto", trarei exemplos concretos de pessoas com mais de 70 e 80 anos em plena atividade intelectual e excelente produção.

Entre os antigos, o grande teatrólogo grego Sófocles escreveu o *Édipo Rei* aos 70 anos e, quando próximo aos 90 os filhos quiseram interditá-lo pela idade avançada, Sófocles escreveu a emocionante peça *Édipo em Colono*, provando sua integridade mental.

Simone de Beauvoir nos conta que Renoir, com mais de 60 anos, semiparalítico e com o braço enrijecido, continuou a pintar. Amarraram-lhe o pincel no punho e com o braço dirigia a pintura. "Não se precisa de mão para pintar", dizia ele.

Schweister recebeu o prêmio Nobel da Paz, e Chaplin ainda produziu um filme, ambos aos 77 anos. E muitos outros chegaram à velhice em plena atividade.

Há ainda aqueles exemplos excepcionais, no auge da vida produtiva e com plena criatividade, tendo alcançado os 80 anos ou mais, como alguns cientistas, Max Planck e Sabin; alguns músicos, como Verdi, que compôs o *Falstaff* com essa idade; e artistas como Picasso, que seguiu pintando até os 90 anos; e Titiano, mesmo após os 90!

Entre escritores: Victor Hugo, Churchill e o nosso Freud chegaram bastante produtivos aos 80, destacando-se com importantes trabalhos. J. L. Borges, já cego, ditava seus textos aos 80 anos. O matemático argentino Manuel Sadovsky aos 90 anos ainda orientava teses e dava entrevistas no Rádio e na TV. E, entre nós, o grande Oscar Niemeyer, já centenário, ainda projeta grandes trabalhos para a Europa, e seu Museu de Arte Contemporânea, em Niterói, é considerado uma das atuais maravilhas do mundo, projetado quando o arquiteto contava 80 anos.

E entre nós – simples mortais – temos o exemplo da professora de Língua Francesa, Raymonde de Vasconcelos, que com 100 anos ainda lecionava para um grupo de nove antigos alunos, tendo publicado: *Mon Brésil et moi* aos 70 anos e outro livro com mais de 90. Eu própria iniciei o estudo de alemão após os 80 anos é já consigo ler algumas estrofes de R. M. Rilke, sem dicionário. Só me incluo aqui para mostrar que ainda se pode – com bastante idade – aprender algo novo, com surpresa e entusiasmo. Dos meus nove livros literários, sete foram escritos após os 70 anos.

4. O preconceito com a velhice

Nos últimos séculos, construiu-se um preconceito contra os velhos, tema do romance *La guerra de los cerdos,* do argentino Bioy Casares, em que aparece uma perseguição evidente ou sorrateira contra os velhos (*los cerdos* – os porcos), que são caçados e assassinados.

O próprio Freud, em conferência destinada a um ambiente médico (1904), ao explicar em que consistia o tratamento analítico, contraindicou-o a pessoas com cerca de 50 anos ou mais por considerá-las sem flexibilidade e sem possibilidade de mudança. Felizmente, vários analistas, posteriormente, tentaram analisar pessoas com mais de 70, e até 90 anos, e obtiveram êxito.

Torna-se necessário frisar que os limites das faixas etárias descritas no fim do século XIX, até meados do século XX, e as indicadas por Elliot Jacques, foram modificados. Os 50 anos daquele tempo corresponderam a 65 na atualidade.

Jacques pesquisou, sobretudo, a meia-idade, mas ao se referir a Michelangelo relatou-nos a produtividade do artista em outras idades. Muito jovem pintou importantes obras: a *Pietá*, com 25 anos, tendo trabalhado muito até 40 anos. Dos 40 aos 55 anos quase nada produziu; porém, após os 55 novamente nos deixou grandes obras.

5. Experiência pessoal

Quero registrar aqui o que observei em minha própria experiência do envelhecer.

Começo com as perdas, inevitáveis nessa etapa. Uma limitação física diretamente ligada ao envelhecimento teve início somente aos 83 anos; trata-se de uma alteração cardíaca que me impede de subir escadas e ladeiras, caminhar com rapidez ou percorrer maiores distâncias. Algumas viagens se tornaram difíceis; outras, impossíveis.

Por outro lado, apesar de sérias perturbações visuais, felizmente sempre consegui ler e escrever, ainda que, em certo período, auxiliada por lupa, além dos óculos.

Mas quero, sobretudo, ressaltar os ganhos. No campo do pensamento, observei maior capacidade de síntese e de crítica ao que leio e estudo.

Naquele livro ou artigo, capto o que existe de interesse para mim. Pela novidade? Por esclarecer certos pontos? Por aumentar meus conhecimentos sobre determinado tema? Por me estimular a pensar e talvez reformular certas ideias? Não importa: sintetizo e seleciono.

Tenho também uma compreensão mais rápida das coisas. Percebo que aquele texto hoje apreendido, entendido, seria, anos antes, considerado difícil. Essa compreensão é gratificante. Mas surge uma dúvida: essa maior facilidade acaso será devida ao maior acúmulo de conhecimento e a sua utilização espontânea? Ou à familiaridade com determinados temas?

Sempre fui uma pessoa de convicções, mas se hoje – com o avançar da idade – posso dar minhas opiniões com menos inibições, também estou mais inclinada a refletir, "pensar sobre", indagar, mais do que afirmar. Assim, cada vez mais estimulo o pluralismo e dou importância à *alteridade*. Interesso-me pela multiplicidade de opiniões sobre determinado assunto. Afinal, naquele ponto, *o outro* pode estar com mais razão do que eu...

De qualquer modo, na atividade intelectual, com meu envelhecer há um crescimento, um desenvolvimento, uma evolução e não uma involução.

Também em minha personalidade total – numa integração do pensar, sentir e agir – houve modificações. Tornei-me mais tolerante e mais flexível em relação aos outros. Anteriormente existia uma intolerância aos não cultos, não inteligentes. Hoje prezo alguns amigos intelectualmente modestos, porém possuidores de outras qualidades.

Dou importância à multidisciplinariedade e ao pluralismo de técnicas psicanalíticas. Critico as atitudes maniqueístas. Não sinto em mim o enquistamento, a petrificação – tão propalada no velho. Sou capaz de reformular minhas opiniões. Admito ideologias diferentes, estou aberta a novas perspectivas; mas confesso minha severidade com a falta de caráter, a mentira que visa a destruir o outro e a corrupção.

A minha percepção estética aumentou. Capto a beleza em coisas as mais banais. A surpresa, o espanto, o entusiasmo, o sofrer impacto dominam meu ser. Não é algo disso o existente na criança? Não seria benéfico um aspecto-criança persistir em nós adultos? Identificando-me com Winnicott em seu belo *Playing and Reality*, dediquei-lhe um poema sobre *a existência da criança dentro de nós*.

Não seria o poder surpreender-se e entusiasmar-se o que dá vida aos velhos considerados jovens? Existe em mim uma capacidade de admirar, de me entusiasmar, de impactar-me com algo lido ou ouvido, com algo belo na natureza. Quando entendo em alemão alguns versos de Rilke, alegro-me tanto como uma criança que pela primeira vez consegue ler as palavras de um anúncio luminoso...

Sob certos aspectos, meu último período de vida tem sido mais calmo e, por vezes, mais gratificante do que algumas épocas anteriores. O "sentimento de vazio", de "vida vazia", não me ocorre. Para muitos a *solidão* significa algo terrível, deprimente e até insuportável. Felizmente, para mim, confesso que a propalada *solidão da velhice* não é angustiante. Mesmo sozinha, sinto-me espiritualmente acompanhada. Momentos de solidão e de silêncio são necessários em minha vida e posso usufruí--los na varanda de Paquetá:

> ... Hoje,
> Em transcendência,
> A Natureza e a Música
> São as grandes companheiras...

O contato com a natureza é concreta e espiritualmente uma companhia: aconchega, envolve-me como um *holding*.

Aqui no Rio tenho minha poesia; e, quando leio algo que me entusiasma, costumo "dialogar internamente com aqueles autores", vivos ou mortos, já conhecidos e queridos, ou, outras vezes, com quem intuitiva ou empaticamente me identifico. E com eles concordo ou discordo.

Quantas vezes, entusiasmada com algumas ideias estimulantes de Winnicott e de Fairbairn não lhes contei (mentalmente...) experiências minhas para confirmar suas ideias! Também já falei com entes queridos; às vezes, muito triste de não tê-los mais, porém não se tratou de solidão amarga, desesperada. Saudade não é desânimo, nem desespero. E por vezes nasceram poemas...

Uma queixa comum em pessoas idosas é: "as horas sobram... não tenho o que fazer". Comigo ocorre o oposto: falta-me tempo para realizar tudo que ainda desejo. Em poucas épocas estive tão criativa, ocupada e produzi tanto, como nos últimos anos, e, sobretudo, após os 80 anos. São conferências, participações em mesas-redondas, artigos para congressos no exterior e no Brasil, estudos para as aulas de filosofia e de alemão, resenhas e comentários de trabalhos. Após meus 70 anos publiquei três livros de psicanálise e três de poemas. Tenho também de inventar tempo para coisas mais pragmáticas: reorganizar pastas de meu marido e minhas, sintetizar currículos, diminuir material guardado, rasgando papéis e papéis com a finalidade de ganhar espaço em um apartamento menor para o qual me mudei.

É uma satisfação o preparar artigos psicanalíticos, o escrever poemas. Imagino ser útil com meus escritos e, às vezes, poder fazer bem aos outros. Gosto de ser *lida* e confesso algo: mesmo se não assinasse meus trabalhos, desejaria que aquelas ideias expostas fossem apreciadas. Mas é importante frisar: com esta idade, não aceito incumbências que apenas representem aquisição de poder; só assumo compromissos se puder realizá-los com amor e se me derem satisfação interna.

Aprendi a recusar temas e cargos importantes, quando em campos distantes de meu interesse. Ao ler, escrever e estudar algo novo, sinto-me enriquecida e feliz em poder compartilhar com os outros.

Muitas vezes recusei cachê para minhas conferencias e palestras. As palavras de três jovens estudantes de Psicologia em São João del-Rei me gratificaram plenamente: "doutora, viemos lhe agradecer, pois agora não temos mais medo de ficar velhas".

Além da atividade intelectual e da necessidade de silêncio e solidão, também o convívio social – o receber e o dar – me fazem bem. Uma queixa comum em alguns velhos é: "perdi meus amigos ... e não tenho mais a quem visitar, com quem conversar".

Se com o correr dos tempos meu marido e eu perdemos muitos amigos queridos, já havíamos adquirido novos. Às vésperas de nós dois completarmos 73 anos, perdi meu querido interlocutor. Os contínuos diálogos nos acompanhavam e saíamos menos de casa. Com a viuvez e, ultimamente, não aceitando mais pacientes, meu tempo disponível aumentou e possibilitou maior convivência social. Recebo convites de amigos e frequento as reuniões do Pen Clube, onde fiz boas amizades. Retribuo esses convites em minha casa de Paquetá ou chamando três (no máximo quatro) pessoas para um vinho no apartamento do Rio. Salvo raras exceções, minhas atuais amizades pertencem à geração próxima à de meu filho. E não me sinto "sobrando".

Aprendemos que "ser jovem é ter planos e projetos." Devido a essa formulação, é comum considerarem-me jovem. Entretanto, estive refletindo sobre o ditado e o elogio. Penso que o fato de estar mais velha, de ter vivido muito *possibilita* ou – em grande parte – *auxilia* o ter esses planos e projetos. Antes de morrer, desejo escrever um livro – há muito pensado – misto de memórias, pesquisa histórica e autocrítica sobre *A evolução da técnica psicanalítica nos últimos 50 anos.*

Ainda tenho curiosidade e desejo de aprender e de estudar. Quase incrivelmente, sinto-me hoje grávida de *insights,* de ideias e projetos, mais do que em minha idade madura. Talvez algo comparável ao final da adolescência quando, de modo idealizado, identificava-me com mulheres criativas: Madame Curie, Isadora Duncan...

Já se disse que a terceira idade é uma época de revisão, de inventário. Estou de acordo com essa ideia se fizermos um "exame de consciência" visando a modificações e melhoras próprias e não a um aumento de queixas e ressentimento dos outros. A velhice pode ser utilizada para reformulação, ressignificações, reconstruções da própria vida: em mim tem servido de renovação e até de renascimento através da poesia.

Anos atrás, Dulcineia Monteiro disse: "não vivemos menos, mas vivemos de outro modo". Concordo plenamente com suas palavras.

Vimos que, na passagem de uma etapa etária para outra, há expectativas sobre a próxima idade. Sob esse aspecto, a terceira idade difere das outras. Aqui, a morte – uma realidade que objetivamente se aproxima – é a próxima etapa. E a ideia da possibilidade de uma *outra* etapa só existe para os que têm religião.

Se minha morte está objetivamente próxima, por que e para que temê-la? Já está na hora de prestar contas: a Deus, para os crentes, e, para os não religiosos, como eu, à Humanidade e a mim mesma. Então, nesse fim de vida posso procurar aquilo que me dê reais satisfações e em que eu possa ser útil; através de artigos, palestras e do próprio convívio com os amigos: ora mostrando que ser velho também apresenta ganhos, ora – como neste artigo – provando que o idoso ainda pode ser criativo.

Para o velho comum existe um longo passado, o presente e um futuro limitado a alguns anos: poucos ou até nenhum.

É necessário que o velho viva e usufrua plena e dignamente do presente. Um passado pode ser visualizado de modo positivo ou negativo. Quando negativamente, surgem ressentimentos, raiva, culpa, sentimentos os mais diversos. Em alguns velhos pessimistas existe um apego demasiado ao passado e queixas do presente. Minha bandeira é: na relação com o passado, é necessário – se possível – *presentificá-lo*. Explico-me: em seu presente você pode aproveitar algo do passado? Pode, de certo modo, reformulá-lo? O passado faz parte de minha vida, de minha história, está em mim, me enriquece e, por vezes, pode me entristecer, mas ele não pode voltar. Pode apenas ser lembrado, *recordado* no sentido etimológico da palavra.

Pode-se descobrir e aproveitar novos interesses, anteriormente difíceis de execução ou internamente proibidos. O grande passado já se foi, o futuro é objetivamente curto, mas o presente existe e deve ser aproveitado para satisfações próprias e para sermos úteis aos outros – enquanto possível.

Os que não têm crença em outra vida necessitam de sabedoria para aceitar a não existência de uma próxima etapa. *Continuaremos vivos* unicamente na lembrança dos filhos, amigos, discípulos e através de nossa obra. Perdi minha mãe que desejava me ver "vencer na vida" e meu companheiro de tantas horas. Mas posso em meus poemas *torná-los vivos* e com eles dialogar. Em mim, há uma aceitação da morte como algo inevitável. Não há desespero e pânico sobre sua vinda; apenas, como ainda tenho alguns projetos a realizar, gostaria que ela fosse adiada.

> ... Ó Morte, sou sincera:
> Não me atemorizas.
> Peço apenas que prolongues
> O tempo que ainda tenho...

Em meu entender, todos os qualificativos dados ao velho basicamente se referem ao *quanto de vitalidade* persiste em cada setor de sua existência. Pois sabemos que há pessoas fisicamente vivas, para quem falta uma *vitalidade anímica*. Certa ou equivocadamente, somente após os 80 anos me considerei uma *pessoa idosa*. Até então, ainda atravessava a ilha de Paquetá de uma ponta a outra com meus convidados. Meu filho, nora e neta caçoavam de mim ao me ouvirem dizer: "quando eu ficar velha...". Atualmente sinto-me idosa, estou velha, mas uma velha com vida. Sinto um bem-estar interno, sou feliz entre meus livros, meus quadros, encontrando pessoas queridas, escrevendo.

Afinal, o envelhecer é uma fase nesse processo incessante, nesse evoluir constante que é o *viver*! Caminho para o crepúsculo, o ocidente da vida, para o desaparecer. Mas *enquanto estou viva, eu vivo.*

VINTE ANOS VEZES QUATRO...
E AINDA MAIS [1]

Yolanda B. Thomé [2]

Já faz algum tempo, fico espantada e chego mesmo a me divertir com certas manifestações de respeito e deferência que me dizem abertamente o quanto, para os outros, me tornei uma "senhora de idade", merecedora de cuidados e proteção.

Envelhecemos por patamares. A idade dá um grande salto adiante no momento em que paramos de trabalhar. No meu caso, isso aconteceu cedo: foi uma pré-aposentadoria, aos 58 anos. Meu marido já havia parado três anos antes. Tendo começado a trabalhar aos 14, ele estava feliz de ter enfim tempo para fazer aquilo de que gostava: escutar música, viajar, flanar, brincar de cineasta amador, sem ficar preso ao relógio. Por meu lado, eu enfrentava uma carga cada vez maior de trabalho. Nossas vidas tomavam rumos divergentes e então decidi parar. Com certa apreensão, no

---

[1] Tradução de Letícia Cotrim.
[2] Yolanda Bettencourt Thomé é brasileira, mas vive na Bélgica há mais de 40 anos. Trabalhou nos movimentos de Ação Católica – em sua transição de A.C. geral para A.C. especializada e foi responsável nacional pela Juventude Independente Católica (JIC). Trabalhou na Editora Agir e, na Bélgica, na Campanha da Fraternidade em relação com a América Latina.

entanto: "não iríamos nos tornar alheios de tudo e de todos, enfiar os chinelos para viver nossa vidinha confortável, centrada sobre nós mesmos?" Por isso talvez meu corpo tenha reagido mal, sofrendo uma porção de pequenos problemas que não eram costumeiros: dor de cabeça, perturbações digestivas, taquicardia. Foi preciso tempo para encontrar um novo ritmo, criar meu lugar ao sol, buscar novas ocupações e interesses; e, sobretudo, para descobrir a alegria dessa liberdade desconhecida, novinha em folha.

Eu começava a me sentir bem quando, bruscamente, tudo desmoronou. Em uma bela tarde do mês de agosto, terminando um jogo de palavras cruzadas, de repente, meu marido sentiu-se mal sob o impacto de uma violenta dor no peito. Alguns minutos depois era o fim. Felizmente eu estava em casa, ao seu lado. Mas não deveria eu ter levado a sério alguns sinais precursores? Não teria eu podido adivinhar o que estava sendo gestado? Quantas perguntas angustiantes fiz a mim mesma!

Ficar só foi um novo patamar na progressão da idade... Como se, em plena valsa, de repente, eu apertasse nos braços uma boneca inerte. Ou, em pleno dueto, a voz do outro se partisse, deixando-me só a ouvir o eco de minha própria voz. Esse silêncio, essa ausência, esse desejo de descobrir um outro meio de comunicar! Apesar de nossas diferenças e disputas – e é verdade que havia –, senti-me vazia e como se tivessem me arrancado um pedaço. Chorava na rua, no metrô, lia sem compreender, olhava a TV a me perguntar como é possível haver tanto programa idiota. Levei muito tempo para voltar a ter gosto pela vida.

Hoje, já tenho 88 anos... Apesar dos comentários das pessoas que me são próximas: "você está ainda tão bem!", "continua viajando?!", "queria envelhecer como você!", apesar da convicção de ser uma privilegiada em muitos aspectos, tenho também a consciência das limitações crescentes de meu corpo, meu cérebro, minha vida social. O cansaço, as falhas de memória, a perda do equilíbrio, as quedas repetidas, os pequenos e diversos incômodos, a surdez que começa, a diminuição do ritmo da compreensão, a "preguiça" que se instala, a dificuldade em aceitar e aprender informática, e a impressão de que vou ficar "analfabeta" e marginalizada... A lista é comprida, mas, na verdade não posso me queixar, apesar de tudo, vou indo! Com 88 anos, tenho a oportunidade única de estar cercada de amigos fiéis, de continuar a viver em minha própria casa e de assumir meu cotidiano.

Para refrescar a memória retomo algumas linhas escritas ao longo dos últimos anos:

Fevereiro de 2003 – Ontem festejamos meus 82 anos, o que me impressiona muito. Sinto-me entrando de verdade em uma nova fase de minha existência, menos voltada para o mundo externo, para a ação. É como se estivesse me instalando em minha velhice. Mas, atenção! Não é para fazer da idade um álibi, um biombo, uma poltrona, uma desculpa. *Quero permanecer, enquanto for possível, acordada, inserida (mesmo que à distância?), presente para os outros, para a vida, para o mundo.* E tudo isso, mesmo em caso de doença grave.

Em seu belo livro *Últimos fragmentos de uma longa viagem*, Christiane Singer, atingida por um câncer terminal muito doloroso, escreveu: "Uma doença está dentro de mim... Meu trabalho vai ser o de não estar, eu, dentro da doença. Não nos deixemos aprisionar neste pedaço de nós que está devotado à morte." É exatamente isso que pressinto como um trabalho para minha vida atual: *a cada dia, dar todas as chances a mais mínima fagulha de vida para morrer viva e não viver como se já estivesse morta.*

Março de 2003 – A declaração feita anteriormente de manter vigilância sobre a questão da abertura ao outro foi sincera, mas trata-se de um desafio cotidiano: o que fazer de meu tempo? Que lugar dar às atividades caseiras para que possam se tornar um projeto verdadeiro? Retomar de modo sistemático minhas "memórias", trabalhar sua apresentação e seu estilo. Ocupações domésticas: fazer compras, cozinhar, ir ao banco etc. Aula de ginástica todas as segundas-feiras. Participação quinzenal nas reuniões do grupo "Escrevo sobre minha vida". Deixar minha porta aberta às crianças, aos amigos, a todos os que vierem bater. E talvez frequentar algumas conferências na Universidade dos Idosos, além de ir a certas exposições.

Muito tempo se passou desde que escrevi estas linhas... Consegui terminar minhas "memórias", imprimi-las (32 exemplares) e oferecê-las às novas gerações de minha família no Brasil, sobrinhas e sobrinhos netos, encantados de conhecer assim um pouco da história de seus "ancestrais", o contexto social no qual viveram, os acontecimentos marcantes, as anedotas divertidas da família, as falas das crianças gravadas em minha memória. Tudo ilustrado com fotos antigas... Algo para alimentar as raízes deles.

Para mim, foi como uma reapropriação de meu itinerário e a descoberta do fio condutor que o percorre e lhe dá coerência. Exercício por vezes extenuante e que eu temia narcísico, mas que foi, ao contrário, muito salutar.

Agosto 2004 – Impressão de um momento pessoal de transição ou de entrada(?) na velhice. Fisicamente, perda de equilíbrio, cansaço, desejo de ficar quieta. No plano psíquico um maior sentimento de solidão, certo "sabor ruim na boca", de chicletes muito mastigado. Corpo e alma são coisas que vão juntas... Ao mesmo tempo, consciência da necessidade de ficar alerta em minha vida cotidiana. Talvez continuar meu engajamento no ensino do francês para mulheres migrantes. Quero ainda fazer isso? Tenho capacidade para tanto? No entanto, trata-se da única brecha em minha vida por onde é possível entrar gente de "mundos diferentes": outras culturas, outras histórias, outros valores, outras classes sociais. É alegre aprender, ajudando outros a aprender.

De fato dei um curso de conversação francesa, naquele ano, para um grupo de mulheres de quatro ou cinco nacionalidades diferentes, em um clima caloroso e alegre. Depois decidi parar. Estava se tornando uma atividade exigente demais...

Dezembro 2006 – De repente uma imagem se impôs em meu pensamento. Estou em uma sala de espera em que não há nenhuma ordem de chamada. Pode acontecer a qualquer momento, neste minuto ou após uma longa espera. Tal sensação se tornou um "leitmotiv": viver o presente mantendo um obscuro sentimento de que ele é frágil e, provavelmente, de curta duração. Não sei – e não quero saber – o que será o amanhã.

A morte é uma realidade muito presente nesta última fase da vida. Morte dos que conosco caminharam um pedaço da estrada: parentes, companheiro, amigos cada vez mais numerosos de quem guardamos a lembrança. Não como uma fotografia amarelada pelo tempo, mas sentindo aquilo que deles vive ainda em nós. Os mortos parecem constituir uma parte de mim mesma e uma família que me espera do outro lado, quando chegar a minha vez. Minha morte está logo ali na virada da esquina. Penso nela muitas vezes como num prazo inevitável e próximo (apesar do número de centenários continuar aumentando, espero não fazer parte do *ranking*...), sem medo, creio, mas com certa curiosidade. Vou saber enfim... O que me inquieta mais é o momento, ao final de que doença, de que decadência, de que dependências?

> **Janeiro de 2007** – Parece-me que a velhice traz alguma coisa que torna a vida mais fácil, mais próxima da intuição e do inconsciente: as palavras que queremos dizer nos vêm sem que as tenhamos preparado; as soluções aparecem antes mesmo que eu as procure; coincidências se apresentam inesperadamente. Cada vez esse tipo de coisa me surpreende e me espanta. Talvez seja um privilégio que compensa o idoso de suas limitações, um elemento que lhe devolve confiança e paz. Nós nos orientamos pelo radar...

Sim, de um modo bizarro, também descubro com alegria os lados positivos da idade avançada. Ganha-se liberdade. Liberdade interior, certamente: permitindo desligar-nos do "o que é que vão dizer de mim?". Vivenciamos um maior distanciamento das coisas e essa distância é fonte de serenidade. Ousamos nos expressar com menos reserva. Temos vontade de ouvir e compreender. Tornamo-nos mais tolerantes. Não somos mais obrigados a horários e compromissos. Temos tempo para nós e para os outros. E mesmo as dependências, da enfermeira, das ajudas familiares, dos filhos, dos amigos, podem se transformar em ocasião de novos contatos e em uma nova maneira de aprender a receber e dizer obrigada.

A dificuldade maior é, frequentemente, sentir-nos ultrapassados. Tudo passa tão rápido, tudo muda tão depressa: as ruas, as cidades, os meios de comunicação, os conhecimentos, as técnicas, a linguagem e, sobretudo, os valores. Em que dinossauro me transformei? Qual é meu lugar em tudo isso? Que posso fazer ainda?

Mas, na verdade, a idade nos faz desejar ser, mais do que fazer. Talvez porque não temos mais os meios ou nem mesmo a coragem da ação. Resta-nos então viver da melhor maneira possível estes últimos anos, felizes e difíceis. Sendo o que somos. Preparando-nos para o que vem e que – felizmente – é da ordem do desconhecido, da confiança cega. Procurando estender os galhos de nossa árvore, para que mais gente aí encontre sombra e reconforto e, por sua vez, regue nossa terra árida e sedenta.

TESTEMUNHO
Rose Marie Muraro[1]

A velhice é o tempo melhor de minha vida: as melhores coisas me aconteceram depois dos 70 anos.

Mas vivo uma esquizofrenia: a cabeça está a mil; e meu corpo, desmontando... Porque sou duas pessoas; uma é a pessoa física, que foi doente a vida inteira: nasci com uma doença nos olhos – miopia progressiva e degenerativa – e tive vários problemas de saúde. Nestes últimos anos estive três vezes em gravíssimo perigo de morte e continuo com dificuldade para me locomover.

A outra é a pessoa psíquica; psiquicamente eu era muito infeliz, porque não tinha consciência de que era uma pessoa diferente. Vivia isolada e fui uma criança toda voltada para dentro; falei com 6 meses, aos 4 anos aprendi a ler sozinha e sempre fui a primeira no colégio. Foi assim a minha vida inteira; todo mundo dizia: você não pode escrever, não pode se casar. Mas me casei, tive cinco filhos e escrevi:

---

[1] Rose Marie Muraro é editora e escritora, tendo sido escolhida como "patrona do feminismo brasileiro." Publicou 35 livros, entre os quais *Memórias de uma mulher impossível*, uma das quatro autobiografias escritas por mulheres, na história do Brasil.

foi a única coisa que eu soube fazer na vida. Sempre fiz tudo sozinha. Pouquíssimas pessoas me entenderam. Porque eu fazia tudo o que eu não devia, tudo que não podia e acabava dando certo.

Vivi de perdas a minha vida inteira. Só comecei a ter ganhos quando percebi que eu era uma pessoa completamente diferente de todas as outras e rompi com todas as leis: aí eu comecei a ganhar.

Tive cinco filhos e com as crianças eu fui feliz. Tudo dependia de mim, meu marido gastava todo o dinheiro e não ajudava em nada. Eu é que produzi minha própria sobrevivência, a de meus filhos e até a de meus netos: os que eram pobres, eu eduquei. E eles sabiam que eu era uma boa mãe, que eu era mãe integral.

Hoje tenho cinco filhos, 12 netos e três bisnetos maravilhosos: é muita gente... E estão sempre perto de mim: uns me oferecem apoio financeiro, outros me oferecem cuidado. Tenho uma bisneta de 6 anos – adoro criança – e converso com ela que é uma beleza!

Sempre trabalhei – para me manter e a minha família – e serei obrigada a trabalhar até meu último dia de vida. E o diabo é que eu não posso mexer com o computador. É preciso que alguém digite para mim, senão tudo se inviabiliza.

Acabo de lançar um livro: *Os avanços tecnológicos e o futuro da humanidade*, com 356 páginas. Levei dez anos estudando, enquanto fazia outros livros, que eram mais simples, não tinham nem referências bibliográficas. Já esse, só para escrevê-lo, foram dois anos.

E tem as palestras! A próxima será sobre mulher e tecnologia, porque ninguém trabalha esse tema. E agora surgiu o problema das moedas complementares: estou me dedicando a essa moeda feminina e vendo a economia do ponto de vista das mulheres.

Fui casada, me separei, tive muitos namorados. Agora estou vivendo com um companheiro 40 anos mais novo que eu. Essa relação se iniciou quando eu já tinha 70 e tantos anos; e foi por causa da Marguerite Duras que eu o aceitei, porque ela também viveu com um homem mais jovem e deu certo. Já faz 7 anos que a gente está junto. Ele mora em São Paulo; e eu, no Rio de Janeiro: não posso ter ninguém perto de mim. Nem ele. E eu sempre querendo acabar a relação – 40 anos de diferença! –, mas sempre seguimos em frente... Isso porque senti que ele era diferente. Agora a gente não pode mais ter transa física, porque minha saúde não permite. Mas a qualidade do amor é superior: é muito mais uma doação. E só com ele tomei consciência realmente de que ninguém é igual a mim. Aí então consegui entender minha vida.

Nessa perspectiva, a velhice me trouxe muitos ganhos.

Corporalmente perdi desde que nasci: problema da visão, septicemia, artrite reumatoide, peritonite e mil coisas mais. Quer perda pior que essa? Então, fisicamente a velhice é uma – posso falar um palavrão? –, é uma bosta. Como diz Norberto Bobbio, *la vechiaia è una merda...*

Mas nunca senti realmente isso porque vivo com a cabeça em outras coisas, na construção do futuro: eu sempre estou na ponta de meu tempo. Minha idade real sempre passou despercebida. Eu acho que velhice existe é na cabeça.

Pintei os cabelos, porque estava sempre na televisão. E quando você está na mídia e tem cabelo branco, é sinal de que está declinando. Homem pode ter cabelo branco – porque é sábio – mulher, não! Então, resolvi: não vou fazer nenhuma plástica, mas vou pintar os cabelos, porque isso tem uma função. Se eu fosse casada, como minha irmã, com um companheiro de 50 anos... Se eu tirar a pintura do cabelo, acho que ficará branquinho; e quando eu estiver muito velha, vou pintar meus cabelos da cor do arco-íris, desde o vermelho até o roxo...

Velhice eu não sei o que é, nunca pensei nela. O que existe na vida é a maturidade. Cara, eu me sinto com 15 anos, que negócio é esse de ser velha? Mas se eu não fosse velha, não entenderia nada: a realidade humana é muito mais profunda do que esta porcaria que a gente vive.

A finitude começou a me perseguir faz uns 15 dias, porque vou fazer 80 anos.

Quando eu era criança, a mulher de 40 anos já ficava fazendo companhia aos gatos e já era avó, não tinha nada o que fazer. Depois eram as mulheres de 50, 60 anos é que eram velhas; e até os 70 ainda era possível. Quando completei 70 anos, fiz três festas, em São Paulo, no Rio e em Brasília.

Agora que eu vou fazer 80, de repente eu me dei conta de que estou à beira de um abismo: você tem que morrer! Porque para mim 80 anos nunca existiram. Antes eu ignorava a velhice. Não existia. Estava tão ocupada com outras coisas, que nem via, nem percebia.

Ainda estou acabando de "engolir" meus 80. Vou fazer uma festa de 81 – 80 não, porque é muito convencional; vai ser uma festa de 81, porque oito mais um é nove, e noves fora zero: e aí começa tudo de novo. Vai ser chamada "a festa do tombamento". Aí eu viro um monumento nacional tombado...

Acho que estou conseguindo aceitar a finitude. Tomei as rédeas dela nas mãos. Ela não me assusta mais como um monstro. Não se pode negar a realidade, negar para quê?

Às vezes me sinto uma mulher em declínio. Mas outras vezes acho que sou eterna. Parece que tenho 15, 20, 30, 50, 60, 80 anos: tudo junto. Porque todos nós temos a semente dessa eternidade.

Vivo o dia a dia, seja o que for. Passou um dia, eu já fico feliz. Mas eu acho que assumi plenamente a finitude: estou muito curiosa para ver o que há depois da vida... Se não tiver nada, ótimo, porque eu fiz tudo o que queria. Se tiver, ótimo também, porque eu fiz tudo o que queria.

JOVENS E IDOSOS
Luis Viegas de Carvalho[1]

Ao enviar-me votos de um feliz 2010, escreveu-me uma amiga: "Lembro-me de quando era pequenininha e nas viradas do calendário fazia as contas de quantos anos teria no ano 2000. Achava que estaria bem velhinha com 52 invernos. Vou para 2010, superjovem e bastante otimista. Vamos todos juntos. Feliz 2010".

Entre as pastorais praticadas pela CNBB encontram-se a da "Criança", do "Menor" e da "Pessoa Idosa". Os principais objetivos dessas atividades são "...promover a vida digna de crianças e adolescentes à luz do Evangelho, contribuindo para a transformação da sociedade " e "... que as famílias e as comunidades possam conviver respeitosamente com as pessoas idosas, protagonistas de sua autorrealização". Vida digna e convívio respeitoso. Um amigo de tempos passados dizia que ficava horrorizado só em pensar que, se atingisse idade avançada, correria o risco de ouvir frases como esta: "arreda esse velho daqui, porque preciso varrer a casa". Felizmente ele não precisou passar por essa humilhação.

---

[1] Luis Viegas de Carvalho é mineiro de Pará de Minas, onde nasceu em 1925. É psicanalista e estudioso de ciências humanas. Atualmente está aposentado.

A preocupação com os jovens e com os de idade avançada começa a ser incluída no conceito de cidadania. Em 2004 entrou em vigor o Estatuto do Idoso. Ele caminha *pari passu* com o statuto da Criança e do Adolescente, assinado em 1990. Os dois contemplam pessoas situadas em faixas etárias que exigem atenção especial. As primeiras, porque ainda não se desenvolveram plenamente. E as últimas porque carregam nos ombros e na mente o fardo do tempo.

Os direitos declarados em ambos os estatutos não são bem conhecidos e nem vêm sendo suficientemente divulgados. Para os mais jovens são definidas situações como alimentação, adoção, educação, trabalho como aprendiz, penas para infratores etc. Para os idosos, é vedada a discriminação nos planos de saúde pela cobrança de valores diferenciados em razão da idade, é assegurado o direito ao exercício de atividade profissional, respeitadas suas condições físicas, intelectuais e psíquicas. E ainda, na admissão do idoso em qualquer trabalho ou emprego, é vedada a discriminação e a fixação de limite máximo de idade, inclusive para concursos, ressalvados os casos em que a natureza do cargo o exigir. E ele tem prioridade em processos judiciais e muitas outras regalias.

Mas, de fato, muito disso ainda não passa de meros anseios. Que medidas práticas poderiam ser tomadas para que as leis fossem plenamente observadas? Um bom exercício de especulação, não só para os que já dobraram o Cabo da Boa Esperança, mas, sobretudo, para aqueles que esperam passar um dia dos 70 anos idade.

***

Escrevi este artigo no ano passado. Penso que ali estavam estampados meus sentimentos sobre a experiência do envelhecer.

Agora quero acrescentar algo mais. Velho fala pouco (nem todos...) e se cansa logo, experimenta uma preguiça crônica e persistente. Mas, enfim, decidi escrever algumas linhas sobre meus sentimentos de hoje. Amanhã poderia aparecer talvez um outro sentir. Mas o amanhã ainda não chegou...

Quando completei 84 anos, em 2009, atacado por um linfoma abdominal que me deixou combalido, tentei traduzir em palavras alguns sentimentos que me invadiam. E eles em parte perduram no presente momento.

Eu dizia que o corpo – tratava-se de meu –, que escapava completamente ao comando de minha vontade (e que talvez seja nas sinapses neuronais a própria mente), era *uma casa destelhada por um vento fortíssimo de chuva,* conforme dizia o poeta Rodrigues de Abreu. Pingavam goteiras, entrava frio, os caibros estavam apodrecidos. Contudo o ainda vivente, octogenário, recusava-se terminantemente a mudar de pouso. Esperava, e ainda espera, reformar o telhado, permanecendo lá dentro, escondido debaixo dos móveis.

Era pouco admissível que eu estivesse enganado em meus ímpetos ou assombros de luta pela vida.

Em clima de mais tranquilidade, imaginava que de fato a velhice não é nem será sempre um esplendoroso pôr do sol. Não lhe faltam vendavais. Mas, resistente, continuo pensando que viver é melhor do que virar ruínas, ainda que elas possam ser veneradas por arqueólogos.

UM OUTRO ENVELHECER SEMPRE É POSSÍVEL
Rogério Luz

Desde o berço se ouve, há quem diga,
A pergunta da Esfinge – que é imposta
À vida dos humanos como enigma
Percurso cujo fim não tem resposta.

Mas outro envelhecer sempre é possível:
Quando o dia se esvai e o sol prepara,
Em noite renovada, imprevisível
Manhã aberta ao vento e tarde clara.

Esta nave de luz no céu fundeada
Lentamente desloca-se e, tranquila,
Transita pelo ar da aurora ao poente.

E no ocaso também, alada, a alma
Espera um novo albor e busca a Ilha
Que nas águas da noite ela pressente.

Esta obra foi composta em CTcP
Capa: Supremo 250g – Miolo: Pólen Soft 80g
Impressão e acabamento
Gráfica e Editora Santuário